EL
PODER
DE LA
Mujer
QUE
Ora

STORMIE OMARTIAN

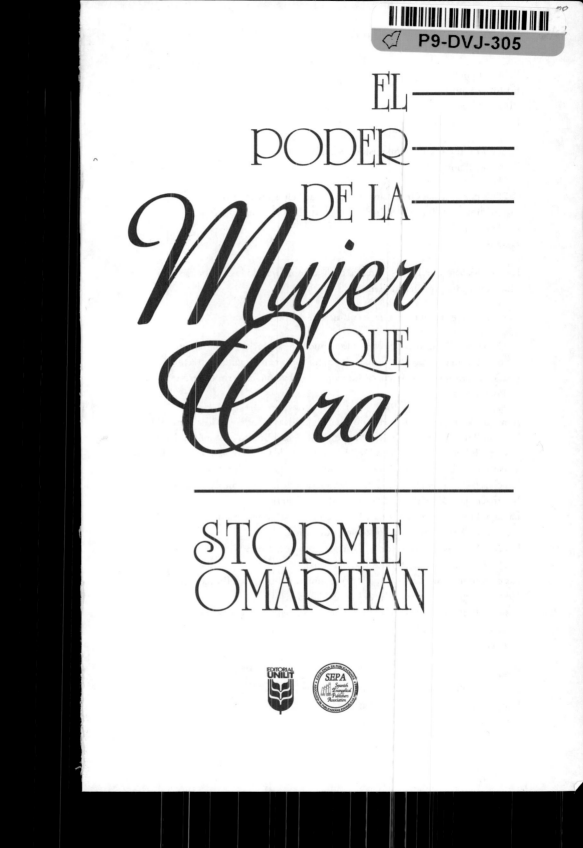

EDITORIAL UNILIT

SEPA
Spanish
Evangelical
Publishers
Association

Publicado por
Editorial Unilit
Miami, Fl. 33172.
Derechos reservados.

© 2003 Editorial Unilit (Spanish translation)
Primera edición 2003

© 2002 por Stormie Omartian. Todos los derechos reservados.
Originalmente publicado en inglés con el título: *The Power of a Praying Woman*
por Harvest House Publishers,
Eugene, Oregon 97402, USA.

Las historias en este libro son reales pero los nombres de los personajes han sido
cambiados para proteger su identidad.

Traducido al español por: Graciela Broda de Arabia

Producto 497821
ISBN 0-7899-1058-6
Impreso en Estados Unidos de América
Printed in The United States of America

Este libro está dedicado a mis hermanas en Cristo
en todo el mundo que anhelan profundizar su andar
con el Señor, alcanzar todo lo que Dios tiene para ellas
y transformarse en todo para lo que Él las hizo.

Reconocimientos

Con gratitud especial:

A Susan Martínez, por tu apoyo en oración y arduo trabajo como secretaria, asistente, compañera de oración y amiga.

A mi esposo, Michael, por tu amor, oraciones y buena cocina.

A mis hijos, por simplemente existir.

Al pastor Jack Hayford, por ser mi padre espiritual.

A los pastores Rice Broocks, Tim Johnson, Ray McCollum, John Roher, Jim Laffoon, Scott Bauer y Steve Mansfield por sus oraciones que salvan vidas y por sus palabras que cambian vidas.

A mi familia de Harvest House: Bob Hawkins hijo, Carolyn McCready, Terry Glaspey, Betty Fletcher, Julie McKinney, Teresa Evenson, LaRae Weikert, Kim Moore y Peggy Wright, por todo su ánimo y apoyo.

A las miles de mujeres que me han enviado cartas, correos electrónicos y faxes comentando sus luchas, gozos, anhelos y los deseos de su corazón.

Contenido

El poder 9

1. Señor, llévame a un andar
   más íntimo contigo. 25

2. Señor, límpiame y haz mi corazón
   recto delante de ti 35

3. Señor, ayúdame a ser perdonadora 45

4. Señor, enséñame a caminar
   en obediencia a tus caminos 55

5. Señor, fortaléceme para
   resistir al enemigo 65

6. Señor, muéstrame cómo tomar
   el control de mi mente 73

7. Señor, gobiérname en cada esfera de la vida 81

8. Señor, llévame más profundo en tu Palabra 87

9. Señor, instrúyeme mientras pongo
   mi vida en su debido orden 97

10. Señor, prepárame para ser
    una verdadera adoradora 105

11. Señor, bendíceme en el trabajo que realizo 113

12. Señor, plántame para que pueda
    llevar el fruto de tu Espíritu 119

13. Señor, presérvame en pureza y santidad 127

14. Señor, llévame al propósito
para el cual me creaste 135

15. Señor, guíame en todas mis relaciones 145

16. Señor, guárdame en el centro
de tu voluntad 155

17. Señor, protégeme a mí y
a todos mis seres queridos. 161

18. Señor, dame sabiduría para
tomar buenas decisiones. 167

19. Señor, libérame de cualquier obra del diablo 175

20. Señor, libérame de emociones negativas. 183

21. Señor, consuélame en tiempo de problemas. 193

22. Señor, permíteme resistir
la tentación del pecado 201

23. Señor, sáname y ayúdame a cuidar mi cuerpo. . . . 209

24. Señor, líbrame de temores impíos. 217

25. Señor, úsame para influir en la vida de otros 225

26. Señor, capacítame para hablar
solo palabras que traigan vida 231

27. Señor, transfórmame en una mujer
de fe que mueve montañas 239

28. Señor, cámbiame a la imagen de Cristo 245

29. Señor, libérame de mi pasado 251

30. Señor, guíame hacia el futuro
que tienes para mí. 257

Que la bondad del Señor, *nuestro Dios,*
esté sobre nosotros. ¡Afirma, Señor, *nuestro*
trabajo! ¡Afirma, sí, nuestro trabajo!

SALMO 90:17, DHH

El poder

No importa la edad que tengas, ni tu estado civil, ni la condición en que se encuentren tu cuerpo o tu alma, ni por cuánto tiempo has sido creyente o no. Si eres mujer, este libro es para ti. Aunque he sido una devota seguidora del SEÑOR por más de treinta años y no me he apartado de Él en todo ese tiempo, yo también necesito este libro. Es más, lo escribí tanto para mí como para ti. Eso es porque soy como tú. Muchos días encuentro la vida difícil en vez de fácil, compleja en lugar de simple, potencialmente peligrosa antes que segura, agotadora más que estimulante. A menudo se parece más a un viento fuerte, caliente, seco, que a una brisa suave, fresca, refrescante.

Sin embargo, he llegado a comprender que Dios puede allanar mi camino, calmar las tormentas y mantenerme a mí y a todos mis seres queridos seguros, y aun hacer mi camino más simple cuando le pido que lleve las complejidades de mi vida por mí. Sin embargo, estas cosas no suceden por sí solas. No sin oración.

En medio de nuestras vidas ocupadas, a menudo no oramos lo suficiente. O solo oramos por los problemas más apremiantes y no nos tomamos el tiempo para acercarnos en verdad al Señor, para conocerlo mejor, para hablarle de los anhelos más profundos de nuestro corazón. En nuestra existencia de oraciones a la carrera, nos apartamos del mismísimo camino por el cual Él trae bendición a nuestra vida. Y nos arriesgamos a levantarnos una mañana con ese sentimiento de vacío e inseguridad en la boca del estómago, temerosas de pensar que nuestro fundamento quizá se esté convirtiendo en arena y que nuestra armadura protectora a lo mejor se está volviendo tan frágil como la cáscara de huevo. Esto fue lo que me sucedió a mí.

Pocos años atrás, me enfrasqué tanto en el trabajo, en cuidar a mis hijos adolescentes, en tratar de ser una buena esposa llevando adelante la casa, escribiendo libros y viajando para promoverlos, asistiendo a todas las reuniones de la iglesia, ayudando a los necesitados y tratando de hacer felices a todos, que desatendí lo más importante: mi andar íntimo con Dios. No es que haya dejado de caminar con Él. Por el contrario, no habría conseguido atravesar un día sin Él. No es que haya dejado de orar. En realidad, oraba más que nunca por todos los demás en el planeta. Aun así, no oraba por mi propio andar con Él. No es que no leyera su Palabra. La leía por horas al investigar en la Biblia para diferentes proyectos en los que trabajaba y para la clase de estudio bíblico a la que asistía. Sin embargo, no le daba a Dios el tiempo para que me hablara personalmente a través de ella. Estaba ocupada haciendo lo bueno y desatendí lo mejor. Sin darme cuenta, me convertí en Marta en lugar de María (Lucas 10:38-40).

No me tomé el tiempo suficiente para estar a solas con Dios y, como resultado, me debilité tanto que no podía continuar. Me sentí como una cáscara de huevo, como si me fuera a quebrar con un poco de presión externa. Sabía que necesitaba más de Dios en mi vida, y nada en la tierra era más importante que eso. No había otra cosa que satisficiera el hambre que sentía dentro, excepto más de su presencia. Y me di cuenta de cuán importante era para mí guardar y proteger mi relación personal con Dios en oración.

La forma de evitar este tipo de cosas que experimenté es orando por cada aspecto de nuestra vida de tal forma que nos mantenga espiritualmente ancladas y que nos recuerde que las promesas de Dios son para nosotras. Nos mantendrá enfocadas en lo que es Dios y en aquello para lo que nos creó. Nos ayudará a vivir a la manera de Dios y no a la nuestra. Elevará nuestros ojos de lo temporal a lo eterno y nos mostrará lo que es importa de verdad. Nos dará la capacidad de distinguir la verdad de la mentira. Fortalecerá nuestra fe y nos animará a creer lo imposible. Nos permitirá transformarnos en la mujer de Dios que anhelamos ser y que *podemos* ser. ¿Quién de nosotras no lo necesita?

En mis anteriores libros sobre la oración me referí a la forma en que el esposo y la esposa pueden orar el uno por el otro, a cómo los padres pueden orar por los hijos y las personas pueden orar por su nación. En este libro quiero decirte cómo *tú* puedes orar por *TI*. Quiero ayudarte a estar más cerca de tu Padre celestial, a sentir sus brazos alrededor de ti, a mantener un corazón recto delante de Él, a vivir en la confianza de saber que estás en el centro de su voluntad, a descubrir más profundamente qué quiere que tú seas, y que encuentres plenitud y camines hacia todo lo que Él tiene para ti. En otras palabras, quiero mostrarte cómo cubrir tu vida con oración a fin de que seas capaz de tener más de Dios en ella.

¿POR QUÉ ME ES TAN DIFÍCIL ORAR POR MÍ?

¿Te resulta más fácil orar por otras personas que lo que te resulta orar por ti? Sé que a mí sí. Puedo orar con más facilidad por mi esposo, mis hijos, otros miembros de la familia, conocidos, amigos y personas que nunca conocí en mi vida sobre las cuales escuché en las noticias de lo que puedo orar por mis necesidades. Por un lado, sus necesidades son más fáciles de identificar para mí. Las mías son numerosas, a veces complicadas, a menudo difíciles de identificar y de seguro no son fáciles de clasificar. Nosotras las mujeres sabemos lo que *pensamos* que necesitamos la mayor parte del tiempo. Somos capaces de reconocer lo obvio. Aun así, con frecuencia estamos demasiado involucradas emocionalmente con las personas a nuestro alrededor y con la vida cotidiana como para darnos cuenta de qué forma deberíamos orar por nosotras más allá de lo inmediato y lo urgente. A veces estamos tan abrumadas por las circunstancias que nuestra oración es un simple clamor básico por ayuda.

¿Nunca has tenido tiempos en los que tu vida parece fuera de control? ¿Nunca te has sentido tan presionada, como si tus días fueran tan ocupados que estuvieras perdiendo cierta cualidad de la vida debido a esto? ¿Te preocupas porque estás descuidando una o más esferas de tu vida tratando de desempeñar muchos papeles y de llenar muchas expectativas? Yo también experimenté eso.

¿Alguna vez sentiste que tu vida está atascada en un lugar y no vas a ninguna parte? ¿O peor aun, que estás yendo para atrás? ¿Has tenido tiempos en los que perdiste tu visión del futuro? ¿O has tenido en verdad alguna visión para comenzar? ¿Te has preguntado si en realidad avanzas hacia el propósito total y el destino que Dios tiene para ti? ¿Has experimentado sentimientos de vacío, frustración o insatisfacción? Yo también he sentido todas esas cosas.

¿Tienes hambre por un mayor sentido de la presencia de Dios en tu vida? ¿Deseas conocer a Dios de una manera más profunda? ¿Quieres servir a Dios de una manera mejor y más completa pero sientes que no tienes el tiempo, la energía ni la oportunidad para hacerlo? ¿Necesitas pasar más tiempo con Él en oración? ¿Quieres que tus oraciones estén acompañadas de más fe para que logres ver grandes respuestas a ellas? ¿Necesitas un mayor conocimiento y comprensión de la Palabra de Dios? ¿Deseas a veces solo abrir mucho tus brazos y abrazar a Jesús, con túnica blanca y todo, y sentir que Él te abraza a ti? Yo también.

Las buenas noticias son que así es como Dios *quiere* que te sientas.

Dios quiere que anheles *su* presencia. Quiere que encuentres tu satisfacción en *Él* y en nada más. Quiere que camines cerca de *Él*. Quiere que desees aumentar tu fe y tu conocimiento de *su* Palabra. Quiere que deposites todos tus anhelos y sueños en *sus* manos y que lo mires a *Él* para satisfacer todas tus necesidades. Cuando lo hagas, *Él* abrirá los depósitos de bendiciones sobre tu vida. Esto se debe a que estas cosas son *su* voluntad para ti.

No obstante, ninguna de estas cosas sucede sin oración.

¿ADÓNDE VOY PARA SATISFACER MIS NECESIDADES?

Cada mujer tiene necesidades. Y muchas de nosotras tenemos la culpa de procurar que otras personas las satisfagan, en especial el hombre de nuestra vida. Con demasiada frecuencia esperamos que *ellos* satisfagan las necesidades que solo Dios puede llenar. Y luego nos decepcionamos cuando no pueden. Esperamos demasiado de ellos, cuando nuestras expectativas deberían estar en *Dios*.

Mi amiga Lisa Bevere lo expresó muy bien cuando dijo que por siglos las mujeres hemos «luchado y hecho la guerra con los hijos de Adán en un intento por conseguir que nos bendigan y ratifiquen nuestro valor. Y, en el mejor de los casos, esta lucha nos ha dejado frustradas [...] Al final, es un proceso agotador y sin sentido en el cual pierden las dos partes. La culpa no es de los hijos de Adán; ellos no pueden darnos la bendición que buscamos, y nosotras los hemos asustado al darles mucho poder sobre nuestras almas. Debemos aprender que la bendición que en verdad buscamos solo viene de Dios»[1].

---

1   Lisa Bevere, *Kissed the Girls and Made Them Cry* [Besó a las chicas y las hizo llorar], Tommy Nelson, Nashville, TN, 2002, pp. 189-190.

Nunca seremos felices hasta que hagamos de Dios la fuente de nuestra plenitud y la respuesta a nuestros anhelos. Él es el único que debería tener poder sobre nuestras almas.

Debemos depositar nuestras expectativas en el Señor y no en otras cosas o personas. Sé que es más fácil decir esto que hacerlo. Así que comencemos por la parte fácil. Digámosle a Dios: «Señor, te miro a ti por todo lo que necesito en mi vida. Ayúdame a depositar mis expectativas en ti». Y cada vez que te sientas defraudada porque tus expectativas no se satisfacen, habla contigo y di: «Alma mía, en Dios solamente reposa, porque de él es mi esperanza» (Salmo 62:5). Luego dile a Dios todo lo que necesitas y todo lo que hay en tu corazón. No te preocupes, Él no se va a sorprender ni se va a asustar. Ya lo sabe. Solo espera escucharlo de ti.

MÁS QUE UNA SIMPLE SOBREVIVIENTE

Si eres como yo, no quieres llevar la clase de vida en la que apenas te mantienes aguantando. No quieres ganar lo justo para vivir, buscar la manera de enfrentarte a tu miseria o solo arreglártelas. Quieres tener la vida abundante de la cual habló Jesús cuando dijo: «Yo he venido para que tengan vida, y para que la tengan en abundancia» (Juan 10:10).

No queremos ser mujeres que escuchan la verdad, pero que raras veces actúan en fe para apropiársela para sus vidas. No queremos lidiar por siempre con la duda, el miedo, la inseguridad y la incertidumbre. Queremos vivir una vida *de* propósito y con propósito. Nos aburre vivir como bebés, alimentándonos solo con leche. Queremos la comida sólida de la verdad de Dios a fin de crecer hacia una vida productiva y apasionante.

Nadie disfruta el caminar en círculos, siempre pasando por el mismo territorio y volviendo a los mismos problemas, las mismas frustraciones, los mismos errores y las mismas limitaciones. No queremos ser personas encallecidas, de corazón endurecido, amargadas, que no perdonan, ansiosas, impacientes, sin esperanza o incapaces de aprender. No queremos terminar con una actitud negativa que dice: «Mi situación nunca va a ser diferente porque hace mucho tiempo que no cambia». Queremos salir de cualquier círculo nocivo de patrones y hábitos repetitivos y ser capaces de ir más allá de nosotras mismas, de nuestras limitaciones y nuestras circunstancias. Queremos ser más que simples sobrevivientes.

Queremos ser vencedoras. Queremos ser parte de algo mayor que nosotras mismas. Queremos estar conectadas a lo que Dios hace en la tierra de una manera que lleve frutos para su Reino. Queremos tener sentido de propósito en nuestra vida. Queremos abundar en el amor de Dios y en bendiciones. Lo queremos todo. Todo lo que Dios tiene para nosotras. Aun así, nunca lograremos alcanzar esa calidad de vida fuera del poder de Dios. Y solo después que oramos.

¿Cómo me muevo en el poder de Dios?

Todas tenemos tiempos en que nos sentimos impotentes frente a nuestras circunstancias. Nos hemos probado una y otra vez a nosotras mismas que no tenemos lo que se necesita para obtener algún tipo de transformación permanente en la vida. Sabemos sin lugar a dudas que nuestros mejores esfuerzos para realizar cambios en nosotras o en nuestras circunstancias de manera significativa o perdurable, nunca dan resultado. A pesar de eso, hay un solo poder en el mundo lo bastante grande para ayudarnos a levantarnos por encima de nosotras mismas y de las cosas difíciles que enfrentamos: el poder de Dios.

Sin el poder de Dios, nunca superaremos nuestras limitaciones ni saldremos de la rutina. No seremos capaces de mantenernos firmes frente a todo lo que se nos opone. Estamos condenadas a una vida de mediocridad espiritual. Sin el poder del Espíritu Santo de Dios obrando en nosotras, no nos liberaremos de

todas las cosas que nos impiden movernos hacia todo lo que
Dios tiene para nosotras.

No queremos pasar la vida esperando la liberación de lo que
nos limita y nos separa de lo que es mejor. Queremos que nos
pongan en libertad *ahora*. Y eso no es posible si nos negamos a
reconocer el poder del Espíritu Santo. Cuando negamos los
atributos del Espíritu Santo, venimos a ser como esos de los que
habla la Biblia cuando dice: «Tendrán apariencia de piedad,
pero negarán la eficacia de ella» (2 Timoteo 3:5). Nos volvemos
cristianos profesionales que hablan en idioma «evangélico» con
una labia superficial tan lograda que nos mantiene intocables e
intactos. Somos todo un espectáculo y nada corazón. Toda
corrección y nada de amor. Todo juicio y nada de misericordia.
Toda confianza en nosotras mismas y nada de humildad. Toda
palabra y nada de lágrimas. Vivimos sin poder y sin esperanza
de una verdadera transformación. Y sin transformación, ¿cómo
nos levantamos por encima de nuestras limitaciones y nos convertimos en instrumentos de Dios para alcanzar al mundo que
nos rodea? Y eso es de lo que se trata la vida. Dios quiere que
conozcamos este poder que levantó a Jesús «resucitándole de los
muertos y sentándole a su diestra en los lugares celestiales, sobre
todo principado y autoridad y poder y señorío, y sobre todo
nombre que se nombra» (Efesios 1:20-21). Él quiere que comprendamos que Jesús no es débil para con nosotros, sino poderoso *en* nosotros (2 Corintios 13:3). Él quiere que entendamos
que «aunque fue crucificado en debilidad, vive por el poder de
Dios». Y aun cuando nosotros somos débiles, vivimos también
en el poder de Dios (2 Corintios 13:4). Dios quiere que veamos
que «no hemos recibido el espíritu del mundo, sino el Espíritu
que proviene de Dios, para que sepamos lo que Dios nos ha
concedido» (1 Corintios 2:12).

No puedo hacerte ver ni comprender el poder de Dios o la
forma en que el Espíritu Santo quiere trabajar en ti. Esto va más

allá de mi capacidad o mi autoridad sobre tu vida. Y tú no necesitas que te convenza porque el Espíritu lo hará solo. Jesús dijo: «El Consolador, el Espíritu Santo, a quien el Padre enviará en mi nombre, él os enseñará todas las cosas» (Juan 14:26). Aunque antes debes reconocer al Espíritu Santo e invitarlo a que obre con libertad en tu vida.

Solo podemos entrar en el poder del Espíritu de Dios si hemos recibido a Jesús como Salvador. Necesitas «conocer el amor de Cristo, que excede a todo conocimiento, para que seáis llenos de toda la plenitud de Dios» (Efesios 3:19). Cuando tienes a Jesús gobernando tu vida, llegas a conocerlo como «aquel que es poderoso para hacer todas las cosas mucho más abundantemente de lo que pedimos o entendemos, según el *poder* que actúa en nosotros» (Efesios 3:20). Debido a su Espíritu Santo en nosotros, o su poder en nosotros, Él puede hacer en nuestra vida más de lo que siquiera pensamos alguna vez pedir.

Ser llenos del Espíritu Santo no es algo que ocurre en contra de nuestra voluntad. Es algo a lo que debemos estar dispuestas, algo que debemos desear, algo que debemos pedir. «Si ustedes, que son malos, saben dar cosas buenas a sus hijos, ¡cuánto más el Padre celestial dará el Espíritu Santo a quienes se lo pidan!» (Lucas 11:13, DHH). Podemos elegir si vamos a recibir o no la plenitud del Espíritu Santo. Debemos pedirle a Dios que lo haga.

No voy a entrar en las diferentes doctrinas del hombre acerca del Espíritu Santo de Dios. Parece haber tantas de ellas como denominaciones. Todo lo que pido es que reconozcas al Espíritu Santo como el *poder* de Dios, y que le pidas a Dios que te llene con su Espíritu Santo a fin de que te dé el poder de moverte hacia todo lo que Él tiene para ti. La Biblia dice: «Llénense del Espíritu Santo» (Efesios 5:18, DHH). La vida marcha mejor cuando hacemos lo que dice la Biblia.

EL PODER DE LLEGAR A SER TODO PARA LO QUE TE CREÓ DIOS

Hoy, a cada vez más mujeres creyentes se les han abierto las puertas de modo que lleguen a ser todo para lo que las creó Dios. Se mueven hacia diferentes esferas de experiencia y ministerio y marcan una importante diferencia en la vida de las personas que Dios puso en su campo de influencia. Aprenden a descansar en el poder de Dios para prepararlos y abrir puertas. También se dan cuenta que no son una idea tardía en el orden de la creación de Dios, sino que se crearon con un propósito especial. Es probable que no sepan con exactitud cuál es ese propósito, ni todos los detalles que implica, pero saben que es para hacer el bien a otros y glorificar a Dios.

Una importante razón por la que cada vez más mujeres se levantan a fin de cumplir el destino que Dios tiene para ellas es porque los hombres se están levantando a su lugar de autoridad espiritual y liderazgo. Esto es una respuesta a la oración de un sinnúmero de mujeres y algo por lo cual debemos glorificar a Dios. Las mujeres necesitamos esta cobertura espiritual. Cuando se hace como es debido, con fuerza, humildad, delicadeza, respeto y comprensión, y no con maltrato, arrogancia, egoísmo, crueldad, dureza o falta de amor, se transforma en un lugar de seguridad para una mujer. Es algo deseable estar en el orden debido.

La Biblia dice que «la mujer debe tener señal de autoridad sobre su cabeza» (1 Corintios 11:10). Esto significa autoridad espiritual y es muy importante. Se supone que todos debemos estar sometidos a una autoridad divinamente nombrada. Es parte del orden de Dios. El Señor no va a derramar en nuestras vidas todo lo que Él tiene para nosotras hasta que estemos en la adecuada relación con las figuras de autoridad que Él puso en nuestras vidas. Están allí para nuestra protección y beneficio. El poder de Dios es demasiado precioso y poderoso para que se deje suelto en un alma sin sometimiento. (Esto es algo por lo que se debe orar, no por lo que nos debemos *preocupar*, así que haremos esto en el capítulo 9).

PROMESAS DE DIOS PARA TI

A menudo no nos movemos hacia todo lo que Dios tiene para nosotras porque no entendemos qué tiene para nosotras. Quizá sepamos que nos ha dado muchas promesas para nuestra vida, pero si no sabemos con *exactitud* cuáles son estas promesas, no lograremos tener una perspectiva clara de nuestra situación. El «divino poder, al darnos el conocimiento de aquel que nos llamó por su propia gloria y potencia, nos ha concedido todas las cosas que necesitamos para vivir como Dios manda. Así Dios nos ha entregado sus preciosas y magníficas promesas para que ustedes, luego de escapar de la corrupción que hay en el mundo debido a los malos deseos, lleguen a tener parte en la naturaleza divina» (2 Pedro 1:3-4, NVI).

Necesitamos conocer estas promesas lo bastante bien como para mantenerlas siempre en el corazón. Es más, cuanto *más profundamente* grabadas estén en nuestra alma, mejor nos irá. Es por eso que el enemigo de nuestra alma nos las va a tratar de robar. No quiere que sepamos la verdad sobre nosotras mismas. Así que debemos asirnos a estas promesas con toda nuestra fuerza. Nos debemos aferrar a ellas como a la vida y negarnos a dejarlas ir.

Por esta razón, al final de cada capítulo en este libro hay una sección llamada «Promesas de Dios para mí». En ella, menciono promesas importantes de la Palabra de Dios que se ajustan a ese tema en particular. Quiero que declaremos estas promesas en voz alta frente a todos los obstáculos a fin de que logremos borrar cualquier duda sobre estas preciosas verdades en nuestra vida. Al ir leyendo cada una, determina qué promesa en esa porción tiene un significado especial para ti y tu vida. En algunos casos, determina qué promesa está *implícita* en ese pasaje. Toma por ejemplo el pasaje: «Velad y orad, para que no entréis en tentación; el espíritu a la verdad está dispuesto, pero la carne es débil» (Mateo 26:41). La promesa implícita aquí es que si oras y velas, no caerás en la tentación.

Mientras que la mayoría de las promesas de Dios son placenteras y positivas, algunas no lo son, pues son advertencias. Es como decirle a un niño: «Si haces *esto*, hay una recompensa. Y si haces *aquello*, te *prometo* que habrá estas consecuencias no placenteras». Como Dios cumple *todas* sus promesas, es importante conocerlas bien.

Tiempo de avanzar

A pesar de que a menudo quizá lo parezca, no hay un momento en tu vida en el cual no ocurra *nada*. Esto se debe a que, ya sea que te des cuenta o no, nunca estás en punto muerto. O estás avanzando o retrocedes. Cada día eres *más* semejante a Cristo o eres *menos* como Él. Con el Señor no hay una posición neutral. Y es precisamente por eso que escribí este libro. Quiero que tú y yo avancemos. No quiero que nos despertemos una mañana y nos demos cuenta que nunca pusimos un buen fundamento en las cosas de Dios o no protegimos el fundamento que teníamos con oración. Quiero que nos movamos hacia adelante cada día pasando tiempo de calidad con el Amor de nuestra alma. Quiero que nos volvamos *apasionadas* por Dios. Quiero que descubramos lo que se supone que debemos estar haciendo y que lo hagamos. Este libro no es sobre cómo conseguir cosas *de* Dios, aunque Él tiene mucho que quiere darnos. Es acerca de estar *en* Dios y permitir que Él esté en nosotras. Es acerca de permitir que *Él* termine su obra en nosotras.

Cuando vivimos de esta manera, de acuerdo a la Palabra de Dios y en el poder del Espíritu Santo, podemos confiar en que estamos en el debido lugar en el tiempo oportuno, y que la perfecta voluntad del Señor actúa en nosotras. Podemos confiar en que Él nos está llevando hacia la vida plena y bendecida que tiene para nosotras. ¿Comenzamos?

∞ Mi oración a Dios ∞

Señor, tú has dicho en tu Palabra que el que crea en ti, de su interior correrán ríos de agua viva (Juan 7:38). Creo en ti y deseo que tu agua viva fluya en mí y a través de mí hoy y cada día de mi vida. Invito a tu Espíritu Santo que me llene de nuevo en este momento. Como un manantial que renueva sin cesar su agua fresca para mantenerse puro, te pido que me renueves de la misma manera.

Tu Palabra dice que «el Espíritu nos ayuda en nuestra debilidad; pues qué hemos de pedir como conviene, no lo sabemos, pero el Espíritu mismo intercede por nosotros con gemidos indecibles» (Romanos 8:26). Señor, me doy cuenta que no oro de la forma que necesito, ni con tanta frecuencia como quiero, pero te invito, Espíritu Santo, a que ores a través de mí. Ayúdame en mi debilidad. Enséñame las cosas que no sé acerca de ti.

Soy del todo consciente de cuánto necesito tu poder para transformarme a mí y mis circunstancias. No quiero llevar una vida ineficiente. Quero vivir en el poder dinámico de tu Espíritu. No quiero estar espiritualmente por debajo de lo que puedo estar. Quiero ser una triunfadora. Tú pagaste un precio a fin de que pudiera pertenecerte. Ayúdame a vivir de esa manera. Tú planeaste un curso para mi vida de manera que tú lo puedas definir. Ayúdame a actuar de esa manera. Tú hiciste posible que venciera a mi enemigo. Ayúdame a no olvidarlo. Enviaste a tu Espíritu Santo para que yo pudiera vivir con poder. Ayúdame a cumplir esa promesa. Diste tu vida por mí porque me amabas. Ayúdame a hacer lo mismo contigo.

Deposito todas mis expectativas en ti, Señor. Me arrepiento de las veces en que esperé que otras personas u otras cosas satisficieran mis expectativas cuando debería haber mirado a ti. Eres el único que puede satisfacerme porque eres todo lo que necesito. Todo lo que alguna vez deseé en mi vida puedo encontrarlo en ti. Ayúdame a recordar que no debo vivir según mis fuerzas, sino por el poder del Espíritu Santo que mora en mí. Perdóname por las veces que olvidé esto. Permíteme crecer en las cosas de tu Reino, de modo que me transforme en una hija tuya que actúe como es debido y de una manera total, productiva y colaboradora que se mueve hacia adelante en tu propósito para mi vida.

PROMESAS DE DIOS PARA MÍ

Tenemos este tesoro en vasijas de barro para que se vea que tan sublime poder viene de Dios y no de nosotros.

2 CORINTIOS 4:7, NVI

El mensaje de la cruz es una locura para los que se pierden; en cambio, para los que se salvan, es decir, para nosotros, este mensaje es el poder de Dios.

1 CORINTIOS 1:18, NVI

Bástate mi gracia; porque mi poder se perfecciona en la debilidad.

2 CORINTIOS 12:9

Dios, que levantó al Señor, también a nosotros nos levantará con su poder.

1 CORINTIOS 6:14

Cuando venga el Consolador, que yo les enviaré de parte del Padre, el Espíritu de verdad que procede del Padre, él testificará acerca de mí.

JUAN 15:26, NVI

CAPÍTULO UNO

Señor, llévame a un andar más íntimo contigo

Antes de conocer al Señor, estaba involucrada en todo tipo de prácticas ocultas, en religiones orientales y en la Nueva Era. Buscaba a Dios en cada una de estas cosas, deseando encontrar algún propósito y sentido para mi vida. Estaba desesperada por encontrar algún camino de salida para mi dolor emocional, mi miedo y la depresión que había experimentado a diario desde que era niña. Pensaba que de seguro había un Dios y si lograba ser lo bastante buena como para acercarme a Él, tal vez se me podía pegar algo de su grandeza y entonces me sentiría mejor conmigo misma y mi vida.

Por supuesto que nunca logré hacerlo porque los dioses que perseguía eran distantes, fríos y remotos. Y esto me deprimía aun más, pues me crió una madre que era distante, fría y remota, por no mencionar abusadora, aterradora y cruel. Tiempo después se determinó que estaba enferma mentalmente, y desde entonces la he perdonado por todo lo que sufrí por su causa. Sin embargo, los recuerdos de mi infancia al final rodaron como una bola de nieve que se convirtió en una avalancha de dolor que llegó a ser tan insoportable que terminé aplastada por mi propia impotencia y me estrellé en la desesperación suicida. Y fue allí, en el punto más bajo de mi vida, cuando tenía veintiocho años, que aprendí quién era en verdad Dios y recibí a Jesús como Salvador. Esto inició un proceso de liberación, sanidad y restauración, como nunca lo creí posible.

Desde el momento que recibí al Señor y comencé a sentir su vida obrando *en* mí, vi el hilo común en todas las *otras* religiones y prácticas en las que participé antes. La similitud era que los dioses de cada una de esas religiones no tienen poder para salvar ni transformar una vida humana. Sin embargo, el Dios de la *Biblia* sí. *Él* es el único y verdadero Dios viviente. Y cuando lo encontramos y lo recibimos, su Espíritu viene a morar *en* nosotros. Por el poder de su Espíritu, nos transforma desde adentro hacia afuera, y de una manera milagrosa cambia nuestras circunstancias y nuestra vida.

También aprendí que es un Dios que se puede hallar. Un Dios que se puede conocer. Un Dios que quiere estar cerca de nosotros. Por eso se le llama Emanuel, que significa «Dios *con* nosotros». Aunque Él se acerca a *nosotros* cuando nosotros nos acercamos a *él* (Santiago 4:8).

Si me sentara y hablara contigo en persona sobre tu vida, te diría que si has recibido al Señor, las respuestas que necesitas están en ti. Eso es porque el Espíritu Santo de Dios está en ti, y Él te guiará a todas las cosas y te enseñará todo lo que debes saber. Te transformará a ti y a tus circunstancias más allá de tus sueños más atrevidos si dejas de tratar de hacerlo por ti misma y permites que *Él* lo haga a su manera y en su tiempo.

No se trata de esforzarse por ser lo bastante buena como para llegar a Dios, pues no hay forma en que ninguna de nosotras lo seamos. Se trata de dejar que toda la bondad de Dios esté *en* ti. Se trata de acercarte más a Dios y sentir cómo Él se acerca a ti. Se trata de un caminar íntimo con Dios y en la plenitud que comenzará a obrar en ti debido a esto.

SÉ LO QUE QUIERES

Viajé por todo Estados Unidos durante tres de los últimos cuatro años hablando a grupos de mujeres. En casi todos los lugares que fui durante ese período, realicé una encuesta para mi libro *El poder del esposo que ora*. Quería saber cómo querían las mujeres que se orara por ellas. Su respuesta no me sorprendió, pero era increíble que fuera unánime en cada ciudad y en cada estado. La necesidad personal número uno de todas las mujeres encuestadas era el deseo de crecer espiritualmente y tener un andar profundo, firme, vital, transformador y lleno de fe con Dios. Al final, dejé de realizar la encuesta porque los resultados eran siempre los mismos. ¡Ya tenía el dato!

Estoy segura que tú, como yo y muchas otras mujeres, quieres una profunda, íntima y amorosa relación con Dios. No estarías leyendo este libro si no la quisieras. Anhelas la cercanía, la comunicación, la afirmación de que lo que eres es bueno y deseable. Sin embargo, Dios es el único que puede darte siempre eso. Tus necesidades más profundas y tus anhelos solo se satisfarán en una relación íntima con Él. Ninguna persona influirá en ti de manera tan profunda como Dios. Nadie te conocerá ni te amará tanto. El insaciable anhelo que sientes, ese vacío que deseas que llenen tus seres queridos, lo puso allí Dios para llenarlo Él.

Dios quiere que lo deseemos a Él. Y cuando nos damos cuenta que es a Él a quien queremos, recibimos liberación. Tenemos la libertad de identificar los anhelos, la soledad y el vacío dentro de nosotras como señal de que necesitamos acercarnos a Dios con los brazos abiertos y pedirle que nos llene con más de Él. No obstante, esta profunda e íntima relación con Dios que todas deseamos, y sin la cual no podemos vivir, no se produce de casualidad. Debe buscarse, suplicarse, nutrirse y valorarse. Y nosotras debemos buscarla, orar por ella, nutrirla y valorarla *sin cesar*.

Cinco buenas maneras de saber si tu andar con Dios es superficial

1. Si sigues al Señor solo por lo que Él puede hacer por ti, tu andar con Él es superficial. Si lo amas lo suficiente para preguntarle qué es lo que *tú* puedes hacer por *Él,* tu relación se está profundizando.

2. Si solo oras a Dios cuando las cosas están difíciles o necesitas algo, tu andar con Él es superficial. Si descubres que oras varias veces al día simplemente porque te encanta estar en su presencia, tu relación se está profundizando.

3. Si te enojas con Dios o te desilusionas de Él cuando no hace lo que quieres, tu andar con Él es superficial. Si puedes alabar a Dios sin importar lo que está pasando en tu vida, tu relación con Él se está profundizando.

4. Si solo amas a Dios por lo que hace, tu andar con Él es superficial. Si lo amas y lo reverencias por lo que es, tu relación se está profundizando.

5. Si piensas que debes rogarle o torcerle el brazo para que responda tus oraciones, tu andar con Él es superficial. Si crees que Dios quiere contestar las oraciones que oras de acuerdo a su voluntad, tu relación se está profundizando.

Pasa tiempo a solas con Él

Nunca nos acercaremos a Dios ni lo conoceremos bien, ni desarrollaremos el tipo de relación íntima que queremos, a menos que pasemos tiempo a solas con Él. Es en esos momentos privados que nos renovamos, fortalecemos y rejuvenecemos. Es en esos momentos en que logramos ver nuestra vida desde la perspectiva de Dios y descubrir lo que en verdad es importante. Es allí donde comprendemos a quién le pertenecemos y en quién creemos.

Dios tiene mucho para decirle a tu vida. Y si no te apartas de las ocupaciones de tu día y pasas un tiempo a solas con Él en quietud y soledad, no lo escucharás. Jesús mismo pasó mucho tiempo a solas con Dios. Si alguien hubiera podido salir adelante sin hacer esto, ese habría sido Jesús. ¿Cuánto más importante debe ser para nosotras?

Sé que quizá sea difícil encontrar tiempo para orar a solas. Sobre todo cuando el enemigo de tu alma no quiere que lo hagas. No obstante, si haces de esto una prioridad fijando un tiempo específico para orar cada día, tal vez anotándolo en tu calendario de la forma que escribirías cualquier otro asunto importante, y te propones mantener esa entrevista con Dios, verás respuestas a tus oraciones como nunca antes.

Recuerda, si no has estado orando mucho, no puedes esperar que las cosas cambien de la noche a la mañana. Toma un tiempo girar el enorme barco de tu vida y dirigirlo en la dirección opuesta. No retoma su posición de inmediato en el momento que comienzas a dirigirlo. Es más, es difícil que se vean cambios al principio. Lo mismo pasa con la oración. La oración puede darle un giro a tu vida, pero no siempre sucede enseguida que dices las palabras. Quizá llegue a tomar un tiempo de continua oración antes que veas cambios en el panorama. Esto es normal, así que no te rindas. Pronto te estarás dirigiendo a toda velocidad hacia una nueva dirección. Muy a menudo las personas se rinden en el momento que están a punto de entrar en el reino de las oraciones contestadas. Recuerden, este viaje no son unas pequeñas vacaciones alrededor del puerto, es un viaje de toda la vida hacia tu destino. La renuncia no es una opción.

DALE NOMBRES

¿Nunca tuviste problemas recordando nombres? Yo sí. Sobre todo cuando conozco a un gran número de personas a la vez. Logro recordar las caras y los nombres por separado, pero no siempre los asocio como es debido. Y eso me puede crear problemas.

Con Dios la situación es diferente. Él solo tiene un rostro, pero muchos, muchos nombres. Y si no sabemos todos sus nombres, no llegamos a entender todos los aspectos de su carácter.

Dios literalmente tiene miles de nombres. Sin embargo, con frecuencia tenemos problemas recordando unos pocos de los básicos. Quizá olvidemos uno en el preciso momento que lo necesitamos. Por ejemplo, podemos pensar en Dios como nuestro *Padre* celestial, pero olvidamos que también es nuestro *Esposo* y *Amigo*. O a lo mejor lo recordamos como nuestro *Consolador*, pero olvidamos que también es nuestro *Libertador*. Quizá pensemos en Él como nuestro *Protector*, pero fallamos en recordarlo como nuestro *Sanador*. Algunas personas nunca lo llegan a considerar más que de Salvador, que en sí mismo es más de lo que merecemos. No obstante, Dios quiere ser mucho más que eso para nosotros. Quiere que conozcamos todos los aspectos de su carácter, pues la manera en que reconozcamos a Dios influirá en cómo disfrutamos nuestra vida.

Cada uno de los nombres de Dios en la Biblia representa una forma en la que Dios quiere que confiemos en Él. ¿Confías en Él como tu *Fortaleza*? (Salmo 18:1). ¿Es Él tu *Paz*? (Efesios 2:14). ¿Es quien *levanta tu cabeza*? (Salmo 3:3). ¿Tu *Sabiduría*? (1 Corintios 1:24). ¿Tu *Consejero*? (Salmo 16:7). ¿Tu *lugar de descanso*? (Jeremías 50:6, LBLA). Cada uno de sus nombres es sagrado y debemos tratarlos como tal.

Cuando trabajaba en el mundo del espectáculo en Los Ángeles, escuchaba la palabra «Jesús» cien veces al día, utilizada como una palabra de maldición por personas que no tenían ni reverencia, ni amor, ni conocimiento del SEÑOR. No fue sino hasta que recibí a Jesús que me di cuenta con exactitud cuánto de palabra maldita era cuando se usaba profanamente. Tomar el nombre de Dios en vano trae una maldición sobre el que lo usa de esa manera porque quebranta uno de los Diez Mandamientos. «No tomarás el nombre de Jehová tu Dios en vano; porque no

dará por inocente Jehová al que tomare su nombre en vano»
(Éxodo 20:7). También viola el *mayor* de los mandamientos:
«Ama al Señor tu Dios con todo tu corazón, con toda tu alma,
con toda tu mente y con todas tus fuerzas» (Marcos 12:30, NVI).
Nadie que ame a Dios usa su nombre en vano.

Sin embargo, esta misma palabra «Jesús», cuando se nombra
con amor por alguien que lo reverencia, tiene un gran poder. El
poder para salvar, liberar, sanar, proveer, proteger y mucho más.
También hay gran poder en cada uno de los nombres de Dios, y
cuando se mencionan con fe, amor, entendimiento y reverencia, traen bendición y aumentan la fe.

Por ejemplo, el nombre de Dios es siempre un lugar seguro al
cual correr en cualquier momento que necesites ayuda. «El nombre del SEÑOR es torre fuerte, a ella corre el justo y está a salvo»
(Proverbios 18:10, LBLA). Si estás enferma, corre a tu Sanador.
Si no puedes pagar tus deudas, corre a tu Proveedor. Si estás asus-
tada, corre a tu Lugar Seguro. Si atraviesas un tiempo de oscuridad, corre a tu Luz Eterna. Al decir su nombre con reverencia y
agradecimiento, lo invitas a ser eso para ti. A menudo hay tanto
que no tenemos en nuestra vida simplemente porque no nos
damos cuenta que Dios tiene la respuesta a esa necesidad. ¿Cómo vas a sanarte si no reconoces a Dios como el Sanador?

En la siguiente lista de nombres de Dios he incluido solo
treinta. Sin embargo, hay cientos más en su Palabra. Aunque es
un solo Dios, hay tantas dimensiones suyas que, para compren-
derlas todas, se puso a sí mismo muchos nombres. Es la única
forma en que nosotras, que somos *pequeñas*, comenzamos a
comprenderlo a Él, que es tan *grande*. Sugiero que cada vez que
encuentres otro nombre de Dios en la Biblia, lo subrayes, lo
copies al margen o lo agregues a la lista. Te recordará quién
quiere ser Él para ti. Al leer la lista, dile a Dios que sea para ti

cada uno de estos nombres de una manera real, nueva y trans-
formadora.

TREINTA NOMBRES PARA LLAMAR A TU DIOS

1. *Sanador* (Salmo 103:3)

2. *Redentor* (Isaías 59:20)

3. *Libertador* (Salmo 70:5)
4. *Mi fortaleza* (Salmo 43:2)

5. *Escudo* (Salmo 3:3)
6. *Amigo* (Salmo 144:2, DHH)

7. *Abogado* (Lamentaciones 3:58)

8. *Restaurador* (Isaías 58:12)
9. *Padre Eterno* (Isaías 9:6)
10. *Amor* (1 Juan 4:16)
11. *Mediador* (1 Timoteo 2:5-6)
12. *Fortaleza en momentos de angustia* (Nahum 1:7, LBD)
13. *Pan de Vida* (Juan 6:35)

14. *Refugio* (Salmo 32:7)
15. *Luz Eterna* (Isaías 60:20, LBD)

16. *Inexpugnable Fortaleza* (Proverbios 18:10, LBD)

17. *Lugar de Descanso* (Mateo 11:28)

18. *Espíritu de Verdad* (Juan 16:13)
19. *Alto Escondite* (Salmo 144:2, DHH)

20. *Vida Eterna* (1 Juan 5:20)

21. *El Señor que Provee* (Génesis 22:14)

22. *Señor de Paz* (2 Tesalonicenses 3:16)

23. *Agua Viva* (Juan 4:10)

24. *Mi testigo* (Job 16:19)

25. *Esposo* (Isaías 54:5)

26. *Ayudador* (Hebreos 13:6)

27. *Consejero* (Isaías 9:6)

28. *El Señor que Sana* (Éxodo 15:26)

29. *Esperanza* (Salmo 71:5)

30. *Dios de Consuelo* (Romanos 15:5)

Si lees a menudo esta lista de nombres y los repites cada uno
de ellos en voz alta, dándole gracias a Dios por ser eso para ti, te
sorprenderás de cómo crecerá tu fe y cuánto más cerca te sentirás de Dios.

~ Mi oración a Dios ~

Señor, me acerco a ti este día, agradecida de que te acercarás a mí como prometes en tu Palabra (Santiago 4:8). Anhelo habitar en tu presencia y mi deseo es tener una relación más profunda e íntima contigo. Deseo conocerte en cada forma en que puedes ser conocido. Enséñame lo que necesito para que te pueda conocer mejor. No deseo ser de las personas que «siempre están aprendiendo, pero nunca logran conocer la verdad» (2 Timoteo 3:7, NVI). Quiero saber la verdad acerca de quién eres, pues sé que estás cerca de todos los que de verdad te buscan (Salmo 145:18).

Estoy dispuesta a hacer cualquier cosa que quieres que haga. No quiero limitarte al no conocerte de toda forma posible. Este día declaro que eres mi Sanador, mi Libertador, mi Redentor y mi Consolador. Sobre todo, hoy necesito conocerte como mi (pon un nombre del SEÑOR). Creo que serás esto para mí.

Dios, ayúdame a reservar un tiempo cada día para encontrarme a solas contigo. Permíteme resistir y eliminar todo lo que me impida hacerlo. Enséñame a orar como tú quieres que lo haga. Ayúdame a aprender más de ti. Señor, tú has dicho: «Si alguno tiene sed, venga a mí y beba» (Juan 7:37). Tengo sed de ti, pues sin ti estoy en el desierto. Vengo a ti este día y bebo en abundancia de tu Espíritu. Sé que estás en todas partes, pero también sé que hay manifestaciones profundas de tu presencia que yo deseo experimentar. Llévame más cerca de ti para que pueda habitar en tu presencia como nunca antes.

∽⊚∽ PROMESAS DE DIOS PARA MÍ ∽⊚∽

Acérquense a Dios, y él se acercará a ustedes.

SANTIAGO 4:8, NVI

Yo rogaré al Padre, y os dará otro Consolador, para que esté con vosotros para siempre: el Espíritu de verdad, al cual el mundo no puede recibir, porque no le ve, ni le conoce; pero vosotros le conocéis, porque mora con vosotros, y estará en vosotros.

JUAN 14:16-17

El Padre, en su bondad, ha decidido darles el reino.

LUCAS 12:32, DHH

Hasta ahora no han pedido nada en mi nombre. Pidan y recibirán, para que su alegría sea completa.

JUAN 16:24, NVI

Mantengamos firme, sin fluctuar, la profesión de nuestra esperanza, porque fiel es el que prometió.

HEBREOS 10:23

CAPÍTULO DOS

Señor, límpiame y haz mi corazón recto delante de ti

Antes de seguir adelante, te dejaré algo en claro. Tú y yo no somos perfectas. Nadie es perfecto. Nadie lo ha logrado. Nadie está exento de pecar. No hay nadie que no tenga problemas. Ninguna de nosotras ha caminado tanto tiempo con el Señor que ya lo sepa todo y no tenga nada más que aprender. Ninguna de nosotras es tan completa que no necesite nada de Dios. Ninguna de nosotras lo tiene todo claro.

¡Ahí tienes! Está a la luz pública.

Por favor, no creas que dije esto porque pienso que *tú* lo necesitas saber. Por el contrario, creo que tú *ya* lo sabes. Lo dije para que sepas que *todas* lo sabemos. Por lo tanto, podemos ser del todo sinceras con nosotras mismas acerca de nosotras mismas.

Cuando leas este libro, no quiero que creas que tienes que cumplir alguna norma alta para tu vida. Este libro no trata acerca de cómo cumplir una norma. Trata acerca de que permitas que *Dios* se convierta en tu norma. No se propone que trates de hacer algo por ti misma. Su propósito es que reconozcas que tú *no puedes* hacer que suceda nada, pero que *puedes* entregar tu vida a Dios y dejar que *Él* haga que sucedan cosas. No se trata de encontrar maneras para evitar el juicio de Dios y sentirse como una perdedora si no sale todo perfecto. Es acerca de experimentar el amor de Dios en forma total y dejar que se perfeccione en ti. Es acerca de transformarte en lo que eres en verdad. Sin embargo, para que sucedan estas cosas tienes que ser del todo sincera contigo misma y con Dios acerca de quién eres en este momento.

Las mujeres de todo el mundo quieren tener vidas fructíferas. Quieren habitar en la gracia de Dios mientras obedecen sus leyes. Quieren ser inquebrantables en la verdad de Dios y a la vez ser *movilizadas* por el sufrimiento y la necesidad de otros. Quieren conocer a Dios de todas las formas en que es posible conocerlo y quieren la transformación por el poder de su Espíritu. Aun así, con frecuencia son duras con ellas mismas cuando ven que todas estas cosas no ocurren en su vida de todos los días. Son rápidas en observar todo lo que hacen mal y lentas en apreciar todo lo que hacen bien.

Por esta razón, no quiero que consideres esta idea de la limpieza de tu corazón como un juicio debido a que está sucio, sino como un llamado de Dios a fin de que consigas la total rectitud delante de Él de modo que traiga a tu vida todas las bendiciones que tiene para ti. Míralo como la preparación de Dios para el importante trabajo que Él tiene por delante para que hagas.

Con el objetivo de lograr esto, debes examinar tu vida con cuidado. Tienes que ser lo bastante valiente como para decir: «Señor, muéstrame lo que hay en mi corazón, mente, espíritu y vida que no debería estar allí. Enséñame lo que no estoy entendiendo. Declárame dónde estoy equivocándome. Derriba mi arrogancia, orgullo, miedo e inseguridades, y ayúdame a ver la verdad acerca de mí misma, mi vida y mis circunstancias. Descúbrelas ante mí. Puedo enfrentarlo. Permíteme corregir los errores en mi forma de ver y hacer las cosas. Ayúdame a reemplazar las mentiras con la verdad y a hacer cambios que perduren».

Ármate de valor para orar una oración como esta. Tal vez más valor del que muchas de nosotras tenemos en estos momentos.

Si estás renuente a permitir que el Señor deje al descubierto tu corazón por lo que quizá llegue a revelar, pídele que te dé la valentía que necesitas. A fin de procurar que ocurran cambios positivos en tu vida, debes estar dispuesta a la limpieza y al período de trabajo del Espíritu Santo. Debes permitir que revele tu corazón de modo que no te engañes contigo misma ni con tu vida. Debes invitarlo a que cree un corazón recto dentro de ti. Y luego estar dispuesta a hacer estas dos cosas:

1. Confesar a *Dios* cualquier pecado de pensamiento o de hecho que Él te muestre.

2. *Arrepentirte* de las cosas que confesaste.

VERDADERA CONFESIÓN

No pienses que porque no eres una asesina en serie o nunca robaste un banco no tienes ningún pecado que confesar. No pienses que porque has caminado con el Señor por un cierto número de años y has ido a la iglesia todos los domingos por la mañana y miércoles por la noche y a todas las demás reuniones de oración que no tienes nada de qué arrepentirte. El pecado no tiene que ser algo evidente y obvio para que sea pecado. Por ejemplo, ¿alguna vez has dudado que Dios pueda hacer lo que promete en este mundo? La duda es pecado. ¿Alguna vez has dicho algo sobre otra persona que no es precisamente halagador? El chisme es pecado. ¿Alguna vez has evitado a alguien porque pensabas que podía pedirte algo que no querías dar? El egoísmo es pecado. ¿Alguna vez tuviste una actitud de falta de amor hacia otra persona? Todo lo que no proviene del amor es pecado.

Es difícil evitar el pecado el ciento por ciento de las veces. Es por eso que la confesión es crucial. Cuando no confesamos nuestros pecados, faltas y errores, estos nos separan de Dios. Y no recibimos respuesta a nuestras oraciones. «Son las iniquidades de ustedes las que los separan de su Dios. Son estos pecados los que lo llevan a ocultar su rostro para no escuchar» (Isaías 59:2, NVI). Cuando no confesamos nuestros pecados, terminamos tratando de escondernos de Dios. Como Adán y Eva en el huerto, sentimos que no somos capaces enfrentarlo. Sin embargo, lo imposible es el problema de querer esconderse de Dios. La Biblia dice que todo lo que hacemos saldrá a la luz. Aun las cosas que decimos y hacemos en secreto. «No hay nada encubierto que no llegue a revelarse, ni nada escondido que no llegue a conocerse. Así que todo lo que ustedes han dicho en la oscuridad se dará a conocer a plena luz, y lo que han susurrado a puerta cerrada se proclamará desde las azoteas» (Lucas 12:2-3, NVI). «Nada de lo que Dios ha creado puede esconderse de él; todo está claramente expuesto ante aquel a quien tenemos que rendir cuentas» (Hebreos 4:13, DHH).

¡Qué pensamiento más aterrador! Cada una de nosotras tendrá que dar cuenta, mientras más pronto tengamos en orden las cosas con el Señor, mejor. Es más, cuanto antes enfrentemos los pecados que *podemos* ver, antes nos revelará Dios los que *no podemos* ver. Y solo Dios sabe cuánto de eso hay en cada una de nosotras.

El pecado siempre tiene consecuencias. El rey David lo describe bien cuando escribe sobre sus propios pecados no confesados: «Mientras callé mi pecado, mi cuerpo se consumió con mi gemir durante todo el día. Porque día y noche tu mano pesaba sobre mí; mi vitalidad se desvanecía con el calor del verano» (Salmo 32:3-4, LBLA).

Recuerdo que sentí resentimiento hacia mi esposo porque dijo unas palabras que me hirieron. Mientras me aferraba al dolor y al resentimiento, me sentía físicamente enferma. No quería confesarlo porque pensaba que mis sentimientos eran justificados, que *él* era el que estaba equivocado. Sin embargo, al final, me di cuenta que todo pecado es pecado, de modo que confesé mi resentimiento a Dios como pecado y, cuando lo hice, el sentimiento de enfermedad abandonó mi cuerpo. «Nada hay sano en mi carne, a causa de tu ira; ni hay paz en mis huesos, a causa de mi pecado. Porque mis iniquidades se han agravado sobre mi cabeza; como carga pesada se han agravado sobre mí» (Salmo 38:3-4). La vida es lo bastante dura como para que andemos cargando huesos viejos, secos, enfermos y débiles.

Nada es más pesado que el pecado. No nos damos cuenta de cuán pesado es hasta el día en que sentimos que su aplastante peso trae muerte a nuestra alma. No sabemos cuán destructivo es hasta que nos estrellamos contra la pared que se levantó por su causa entre Dios y nosotras. Por eso lo mejor es confesar cada pecado tan pronto como seamos conscientes de él y tener nuestro corazón limpio y recto enseguida. La confesión saca el pecado a la luz delante de Dios. Cuando confiesas tu pecado, no estás informando a Dios de algo que Él no sepa. Ya lo sabe. Quiere saber que *tú* lo sabes.

Confesar, sin embargo, es más que pedir disculpas. Cualquiera puede hacer eso. Todos conocemos a personas que son buenas pidiendo disculpas. Son tan buenas porque se practican mucho. Han dicho «perdón» una y otra vez porque nunca cambian. A decir verdad, muchas veces dicen «lo siento» sin haber admitido alguna falta. Esos son los profesionales en pedir disculpas. Y sus confesiones no significan nada. La *verdadera* confesión significa admitir con todo detalle lo que hicimos y luego *arrepentirnos* por completo de ello.

Arrepentimiento total

Una cosa es reconocer cuando hiciste algo que violó las leyes de Dios; otra es sentirte tan triste que estás decidida a no hacerlo nunca más. Eso es arrepentimiento. El arrepentimiento significa cambiar tu mente. Girar y caminar hacia el otro lado. El arrepentimiento significa sentirse tan mal por lo que hiciste que harías todo lo necesario para que no vuelva a suceder. La confesión significa que *reconocemos* que hemos hecho mal y *admitimos* nuestro pecado. El arrepentimiento significa que *lamentamos* lo que hicimos de una forma tan profunda que nos duele, y que *damos la vuelta* y *caminamos alejándonos* de él.

Arrepentirse de algo no necesariamente significa que nunca volveremos a cometer ese pecado otra vez. Significa que *intentamos* no cometerlo nunca más. Así que si te das cuenta de que debes confesar de nuevo el mismo pecado, luego de haberlo hecho hace poco, hazlo. No dejes que el enemigo te ensille con culpa y monte sobre tu espalda gritando palabras de fracaso en tu oído. Confiesa y arrepiéntete todas las veces que sean necesarias para sacudirlo de arriba de ti y para verte ganar la batalla sobre este problema. No anides pensamientos tales como: *Sin duda, Dios no me perdonará de nuevo por la misma cosa que acabo de confesar la semana pasada.* Él te perdona *cada vez* que confiesas tu pecado delante de Él y te arrepientes. «Bienaventurado aquel cuya transgresión ha sido perdonada, y cubierto su pecado» (Salmo 32:1). Puedes dar un giro a las cosas que rodean tu vida cuando giras hacia el Señor y te arrepientes.

Aprende a confesar y a arrepentirte enseguida para que el proceso de muerte que se pone en movimiento cada vez que violas una regla de Dios no tenga tiempo para hacer su daño completo, «porque la paga del pecado es la muerte» (Romanos 6:23). Pídele a Dios que te muestre cada día dónde tu corazón no está limpio ni recto delante de Él. No dejes que nada te separe de todo lo que Dios tiene para ti.

∽ Mi oración a Dios ∽

Señor, vengo con humildad delante de ti y te pido que limpies mi corazón de cada falta y que renueves un espíritu recto dentro de mí. Perdona los pensamientos que he tenido, las palabras que he hablado y las cosas que he hecho que no te han glorificado y que están en directa contradicción con tus mandamientos. Sobre todo, confieso ante ti (nombra cualquier pensamiento, palabra o acción que sabes que no agrada a Dios). Lo confieso como pecado y me arrepiento de ello. Decido alejarme de este patrón de pensamiento o de acción y vivir a tu manera. Sé que eres «bondadoso y compasivo, lento para la ira y lleno de amor» (Joel 2:13, NVI). Perdóname por dar esto por sentado.

Señor, me doy cuenta que eres un Dios que «conoce los secretos del corazón» (Salmo 44:21). Revélamelos si es que no los veo. Muéstrame si hay algún lugar en mi vida en el que anido pensamientos, palabras o acciones que no he reconocido. Muéstrame la verdad acerca de mí misma a fin de que la vea con claridad. Examina mi alma y saca a la luz mis motivos para revelar lo que necesito entender. Estoy dispuesta a abandonar hábitos sin sentido y sin provecho que no son lo mejor que tienes para mi vida. Abre mis ojos hacia lo que tengo que ver de modo que sea capaz de confesar todo mi pecado y arrepentirme. Quiero limpiar mis manos y purificar mi corazón como has ordenado en tu Palabra (Santiago 4:8). Oro para que tengas «piedad de mí, oh Dios, conforme a tu misericordia; conforme a la multitud de tus piedades borra mis rebeliones. Lávame más y más de mi maldad, y límpiame de mi pecado» (Salmo 51:1-2). «Crea en mí, oh Dios, un corazón limpio, y renueva un espíritu recto dentro de mí. No me

eches de delante de ti, y no quites de mí tu Santo Espíritu»
(Salmo 51:10-11). «¡Perdona, Señor, mis faltas ocultas!»
(Salmo 19:12, DHH). «Ve si hay en mí camino de perversidad, y guíame en el camino eterno» (Salmo 139:24).
Hazme limpia y recta delante de ti. Quiero recibir tu perdón para que vengan a mí tiempos de refrigerio desde tu
presencia (Hechos 3:19).

PROMESAS DE DIOS PARA MÍ

Si confesamos nuestros pecados, él es fiel y justo para perdonar nuestros pecados, y limpiarnos de toda maldad.

1 JUAN 1:9

Amados, si nuestro corazón no nos reprende, confianza tenemos en Dios; y cualquiera cosa que pidiéremos la recibiremos de él, porque guardamos sus mandamientos, y hacemos las cosas que son agradables delante de él.

1 JUAN 3:21-22

Te confesé mi pecado, y no te oculté mi maldad. Me dije: «Voy a confesar mis transgresiones al SEÑOR», y tú perdonaste mi maldad y mi pecado.

SALMO 32:5, NVI

Arrepentíos y convertíos, para que sean borrados vuestros pecados; para que vengan de la presencia del SEÑOR tiempos de refrigerio.

HECHOS 3:19

El que encubre sus pecados no prosperará, mas el que los confiesa y los abandona hallará misericordia.

PROVERBIOS 28:13, LBLA

Señor, ayúdame a ser perdonadora

Durante mi crianza, mi madre fue una abusadora y mi padre no. Cuando me convertí en cristiana, perdonar a mi madre era algo obvio que tenía que hacer. No fue sino hasta años después que Dios me reveló mi falta de perdón hacia mi papá. Cuando una consejera cristiana con la que estaba hablando sobre mi falta de descanso y la frustración en mi alma me preguntó si guardaba alguna falta de perdón hacia mi padre, le respondí: «¿Por qué debería?». *Él* no fue el padre abusador. Cuando la consejera me pidió que orara y le pidiera a Dios que me mostrara la verdad, toda una vida de furia, enojo, dolor y falta de perdón inundaron mi ser. Muy en lo hondo mi padre nunca vino en mi rescate. Nunca me rescató de la locura de mi madre. Nunca vino y me dejó salir del armario en el que ella me encerró por gran parte de mi infancia. No me había dado cuenta de cuánto lo culpaba por haber permitido que mi madre, a sabiendas de lo severa de su enfermedad mental, me tratara con tal crueldad y abuso emocional. Cuando lo perdoné ese día, sentí una paz como nunca antes.

Con frecuencia no reconocemos la falta de perdón que hay en nosotras. *Pensamos* que somos perdonadoras, pero en realidad no es así. Si no le pedimos a Dios que nos revele nuestra falta de perdón, tal vez nunca nos liberemos de su dominio paralizante sobre nuestras vidas. Una gran parte de estar seguras que nuestras vidas están limpias y rectas delante de Dios tiene que ver con perdonar a otras personas. A menos que lo hagamos, nunca nos moveremos hacia todo lo que Dios tiene para nosotras.

Una excelente opción

Sé que «odio» es una palabra muy fuerte, y que no nos gusta utilizar la palabra «odio» para referirnos a algo. Detestamos la idea de que quizá odiemos a alguna persona. Sin embargo, eso es en sí la falta de perdón, la raíz del odio. Cuando alimentamos pensamientos de falta de perdón, se transforman en odio dentro de nosotros. Jesús tenía claro esto cuando dijo: «Todo el que odia a su hermano es un asesino, y ustedes saben que en ningún asesino permanece la vida eterna» (1 Juan 3:15, NVI). También dijo: «Cuando estén orando, si tienen algo contra alguien, perdónenlo, para que también su Padre que está en el cielo les perdone a ustedes sus pecados» (Marcos 11:25, NVI).

Ahora bien, aclaremos esto. Cuando no perdonamos, nos consideran asesinas sin esperanza eterna que no deberían esperar perdón de Dios hasta haber perdonado a otros. Yo diría que entre *perdonar o no perdonar*, perdonar es la mejor opción.

Cuando optamos por no perdonar, terminamos caminando en la oscuridad (1 Juan 2:9-11). Como no somos capaces de ver con claridad, nos movemos con torpeza y en confusión. Esto echa por tierra nuestro buen juicio y cometemos errores. Nos debilitamos, enfermamos y amargamos. Las otras personas lo notan porque la falta de perdón se ve en el rostro, las palabras y las acciones. Lo ven, aun cuando no logran identificar de manera específica lo que ocurre y no se sienten cómodas. Cuando decidimos perdonar, no solo nos beneficiamos *nosotras,* sino también las personas que nos rodean.

La familia primero

Es muy fácil tener sentimientos de falta de perdón hacia miembros de la familia porque son los que están más tiempo con nosotras, los que nos conocen más y los que nos pueden lastimar más profundamente. Sin embargo, por esas mismas razones la falta de perdón hacia uno de ellos traerá la mayor devastación a nuestra vida. Es por eso que el perdón debe empezar por casa.

Antes que todo, es muy importante estar segura que una perdonó a sus padres. La Biblia es cristalina acerca de este asunto. El quinto mandamiento dice: «Honra a tu padre y a tu madre, para que tus días se alarguen en la tierra que Jehová tu Dios te da» (Éxodo 20:12). Si no los honras, esto acortará tu vida. Y no puedes honrarlos a menos que los hayas perdonado.

Cuando tomé la decisión de perdonar a mi madre, lo hice porque quería obedecer a Dios y moverme hacia todo lo que Él tenía para mí. Debe haber dado resultados porque miren lo vieja que soy. Y haberla perdonado una vez no significó que no tuve que volver a preocuparme por eso de nuevo. Había capas y capas de falta de perdón que había construido a lo largo de los años, y descubrí que tenía que perdonarla cada vez que una de esas capas salía a la superficie. En realidad, tenía que perdonarla cada vez que la veía porque ella se ponía peor con el paso de los años.

La simple confesión de nuestra falta de perdón hacia alguien un día no significa que no tengamos falta de perdón al siguiente. De ahí que sea una elección que debemos hacer *cada* día. *Decidimos* perdonar, ya sea que lo sintamos o no. Es una decisión, no un sentimiento. Si esperamos por buenos sentimientos, terminaremos esperando toda la vida. Si tenemos alguna amargura o falta de perdón, es siempre nuestra falta no dejarlo ir. Tenemos la responsabilidad de confesarlo ante Dios y pedirle que nos ayude a perdonar y a seguir con nuestras vidas.

También debemos pedirle a Dios que nos muestre si hay algún otro miembro de la familia al cual debamos perdonar.

Tenemos la tendencia a pensar que nosotras no somos personas con falta de perdón. Irritadas tal vez, pero no con falta de perdón. Aun así, debemos recordar que nuestra norma es mucho más baja que la de Dios y, por lo tanto, con frecuencia no vemos dónde necesitamos perdonar. Pídele a Dios que te revele cualquier falta de perdón hacia algún miembro de la familia. Te sentirás miserable hasta no lo resuelvas.

CUANDO NO PUEDES PERDONAR

Perdonar nunca es fácil. Y algunas veces parece imposible a la luz del dolor horrendo y devastador que hemos sufrido. Si se te hace difícil perdonar a alguien, pídele a Dios que te ayude. Eso es lo que yo hice con respecto a mi mamá, y cuando murió, no tenía en lo absoluto ningún sentimiento malo hacia ella. Si puedes pensar en alguien a quien te resulte difícil perdonar, pídele a Dios que te dé un corazón perdonador hacia ella. Ora por ella de todas las maneras que logres pensar. Es increíble cómo Dios puede suavizar nuestros corazones cuando oramos por las personas. Nuestro enojo, resentimiento y dolor se transforman en amor.

De todas maneras, no te preocupes. Cuando perdonemos a alguien, eso no hace que se corrija ni que justifiquemos lo que hicieron. Simplemente los pone en las manos de Dios para que *Él* pueda lidiar con ellos. El perdón es en realidad la mejor venganza, pues no solo nos libera de la persona que perdonamos, sino que nos libera para movernos hacia todo lo que Dios tiene para nosotras. Nuestro perdón hacia alguien no depende de que ellos admitan su culpa ni de que se disculpen. Si así fuera, la mayor parte de nosotras nunca lograríamos hacerlo. Podemos perdonar sin importar lo que haga la otra persona.

A veces suceden incidentes en nuestra vida que son tan devastadores que podemos seguir por años sin darnos cuenta de la profundidad de la amargura que tenemos debido a eso. A veces no nos perdonamos a *nosotras mismas* por cosas que hemos hecho, y nos damos una vida de castigo por lo que sea que hicimos o no hicimos. A veces culpamos a Dios por cosas que sucedieron. Pídele a Dios que te muestre si algo de esto es cierto en tu vida. No permitas que la falta de perdón limite lo que Dios quiere hacer en tu vida.

Las veces que sean necesarias

¡Cuatrocientas noventa veces! Esa es la cantidad de veces que debemos perdonar a una persona. Pedro le preguntó a Jesús: «Entonces se le acercó Pedro y le dijo: SEÑOR, ¿cuántas veces perdonaré a mi hermano que peque contra mí? ¿Hasta siete? Jesús le dijo: No te digo hasta siete, sino aun hasta setenta veces siete» (Mateo 18:21-22). Tal vez puedas pensar en alguien a quien debas perdonar cuatrocientas noventa veces *al día*, pero el punto es que Dios quiere que perdones tantas veces como sea necesario. Quiere que seas perdonadora.

Jesús contó la historia de un hombre a quien su amo le perdonó una enorme deuda. Aun así, él se volvió y envió a su pobre siervo a prisión por no haberle pagado a *él* una deuda pequeña. Cuando el amo se enteró de esto, dijo: «Siervo malvado, toda aquella deuda te perdoné, porque me rogaste. ¿No debías tú también tener misericordia de tu consiervo, como yo tuve misericordia de ti? Entonces su señor, enojado, le entregó a los verdugos, hasta que pagase todo lo que le debía. Así también mi Padre celestial hará con vosotros si no perdonáis de todo corazón cada uno a su hermano sus ofensas» (Mateo 18:32-35).

Esto es muy serio. A los que recibimos a Jesús se nos ha perdonado una *gran* deuda. No tenemos ningún derecho para no perdonar a otros. Dios dice: «Sean bondadosos y compasivos unos con otros, y perdónense mutuamente, así como Dios los perdonó a ustedes en Cristo» (Efesios 4:32). Si no perdonamos, seremos prisioneras de nuestro odio y nos torturarán por nuestra amargura.

Todo lo que hacemos en la vida que tiene valor eterno se vincula a dos cosas: amar a Dios y amar a otros. Es más fácil amar a Dios que amar a otros, pero Dios lo ve como una sola cosa. Una de las cosas más amorosas que podemos hacer es amar a otros. Es difícil perdonar a todos los que nos han lastimado, ofendido o maltratado. Sin embargo, Dios quiere que amemos aun a nuestros enemigos. Y en el proceso de hacerlo, Él nos perfecciona (Mateo 5:48). Siempre será fácil encontrar razones para no perdonar. Debemos dejar de buscarlas.

Dios quiere que te muevas hacia todo lo que Él tiene para ti. Y si no perdonas, te quedas estancada donde estás y detienes el trabajo de Dios en tu vida. El perdón abre tu mente y tu corazón y permite que el Espíritu Santo trabaje con libertad en ti. Te libera para que ames más a Dios y sientas su amor en una mayor medida. La vida no vale nada sin esto.

✑ Mi oración a Dios ✑

Señor, ayúdame a ser perdonadora. Muéstrame cuándo no lo soy. Revela los escondrijos de mi alma de modo que no se quede encerrada por mi falta de perdón y ponga en peligro mi futuro. Si tengo algún enojo, amargura, resentimiento o falta de perdón que no esté reconociendo, revélamelo y lo confesaré a ti como pecado. De manera específica te pido que me ayudes a perdonar por completo a (nombra a cualquiera que sientas que necesitas perdonar). Hazme comprender la profundidad de tu perdón hacia mí a fin de que no guarde ninguna falta de perdón hacia otros. Reconozco que el perdonar a alguien no hace que esa persona se corrija; me libera a mí. Reconozco que solo tú sabes la historia completa y verás que se haga justicia.

Ayúdame a perdonarme por las veces que he fallado. Y si te he culpado por cosas que han ocurrido en mi vida, muéstramelas para que pueda confesarlas delante de ti. Permíteme amar a mis enemigos como lo ordenas en tu Palabra. Enséñame a bendecir a quienes me maldicen y me persiguen (Mateo 5:44-45). Recuérdame orar por los que me lastiman u ofenden de modo que mi corazón se suavice hacia ellos. No quiero ser dura ni amargada por la falta de perdón. Hazme una persona rápida para perdonar.

Señor, muéstrame si hay falta de perdón hacia mi padre o mi madre por algo que hicieron o dejaron de hacer. No quiero acortar mi vida por no honrarlos y quebrar este gran mandamiento. Y si estoy distanciada de algún otro miembro de la familia por falta de perdón, oro para que derribes esa muralla. Ayúdame a perdonar cada vez que haga falta. Donde pueda ser un instrumento de reconciliación entre otros miembros de mi familia que hayan roto su relación o que sientan tirantez, permíteme serlo.

No quiero que nada se interponga entre nosotros, Señor, y no quiero que mis oraciones sean interferidas por pecados que anidan en mi corazón. En este día decido perdonar a todos y a todo, y caminar libre de la muerte que trae la falta de perdón. Si alguna persona tiene falta de perdón hacia mí, te pido que ablandes su corazón para que me perdone y muéstrame qué hacer para resolver este asunto entre nosotros. Sé que no puedo ser una luz para otros mientras camine en la oscuridad de la falta de perdón. Opto por caminar en la luz, como tú estás en la luz, y ser limpia de todos mis pecados (1 Juan 1:7).

~ࠦ~ *PROMESAS DE DIOS PARA MÍ* ~ࠦ~

No juzguen, y no se les juzgará. No condenen, y no se les condenará. Perdonen, y se les perdonará.

LUCAS 6:37, NVI

La discreción del hombre le hace lento para la ira, y su gloria es pasar por alto una ofensa.

PROVERBIOS 19:11, LBLA

Amad a vuestros enemigos, bendecid a los que os maldicen, haced bien a los que os aborrecen, y orad por los que os ultrajan y os persiguen; para que seáis hijos de vuestro Padre que está en los cielos.

MATEO 5:44-45

El que odia a su hermano vive y anda en la oscuridad, y no sabe a dónde va, porque la oscuridad lo ha dejado ciego.

1 JUAN 2:11, DHH

Si perdonan a otros sus ofensas, también los perdonará a ustedes su Padre celestial. Pero si no perdonan a otros sus ofensas, tampoco su Padre les perdonará a ustedes las suyas.

MATEO 6:14-15, NVI

CAPÍTULO CUATRO

Señor, enséñame a caminar en obediencia a tus caminos

Recuerdo cuando estaba en el preuniversitario y tuve que tomar una clase obligatoria de natación por un semestre. La odiaba porque era a las siete y media de la mañana y mi cabello quedaba arruinado por el resto del día. (En esa época no había secadoras de pelo de mano, si es que pueden imaginarse una época tan primitiva). Nadábamos todos los días, lloviera o hubiera sol, y podía llegar a estar muy frío en esas mañanas de niebla en el invierno de California. La única excusa que tenía para no nadar era si me estaba muriendo, y aun entonces tenía que presentar una nota del doctor.

A pesar del sufrimiento de esa experiencia, me encantaba nadar y era bastante buena haciéndolo. Aprendí que si me ubicaba en la debida posición y hacía todos los movimientos apropiados, avanzaba con rapidez en el agua. Se convertía en una suave maniobra que me llevaba con rapidez hasta el otro lado de la enorme piscina. Y nada me hacía vacilar, ni siquiera la turbulencia de los otros nadadores a mi lado.

El mismo principio es cierto para nosotras. Si queremos navegar las aguas de nuestra vida, debemos ubicarnos como es debido y aprender todos los movimientos adecuados. Si no lo hacemos, cuando vengan las situaciones turbulentas no seremos capaces de atravesarlas. Terminaremos dando brazadas desesperadas y agotándonos solo por tratar de mantenernos a flote. Y en realidad nunca llegaremos a ninguna parte.

Sin embargo, cuando nos ponemos bajo el liderazgo de Cristo y aprendemos a hacer lo que Él requiere de nosotras, hay una corriente del Espíritu Santo que nos llevará a cualquier parte que necesitemos ir.

Todos los movimientos adecuados

La manera de aprender lo que Dios espera de nosotras es leyendo la Palabra de Dios. No podemos comenzar a hacer los debidos movimientos si no sabemos cuáles son. Y podemos estudiar todo lo que queremos en este santo manual y aprender todo lo que se supone que debemos hacer, pero en algún momento vamos a tener que saltar a la piscina. La prueba de nuestra sinceridad es al *hacerlo*, no solo al saberlo. Una cosa es hacer una lista de cosas que se deben y que no se deben hacer, y otra muy diferente es tener un corazón que desea los caminos de Dios y un alma que anhela vivir en ellos. Una cosa es leer acerca de la vida y otra es vivirla. La obediencia es algo que se *hace;* tener un corazón que obedece es algo por lo cual *orar.*

Dios, ayúdame a ser disciplinada

Escucho este ruego de mujeres de todo el mundo. Sabemos un montón sobre lo que se *supone* que debemos estar haciendo, pero con frecuencia tenemos problemas *haciéndolo*. Debemos orar para que Dios nos permita ser lo bastante disciplinadas para hacer lo que se debe.

Soy una persona bastante disciplinada la mayor parte del tiempo. Aunque no siempre fui así. Hubo tiempos en mi vida en que fui todo lo contrario. Estaba plagada de depresión. Y, como muchas de ustedes que han tenido depresión lo saben, no puedes pensar con claridad ni organizar tu vida bien cuando luchas por encontrar una razón para vivir. No puedes hacer las cosas que son buenas para ti porque no sabes si lo mereces. No te mueves hacia adelante en la vida porque gastas toda tu energía tratando de sobrevivir otro día.

Cuando comencé a aprender a orar sobre cada aspecto de mi vida, le pedí a Dios que me ayudara a ser lo bastante disciplinada como para estar cada día en su Palabra, orar con fidelidad y dar los debidos pasos de obediencia. Le pedí que me liberara de la depresión y de cualquier otra cosa que me estuviera reteniendo de todo lo que Él tenía para mí. Me sorprendí de la rapidez con que Dios contestó estas oraciones. Me he vuelto disciplinada, organizada y obediente más allá de lo que creo que eran mis habilidades naturales. Sin embargo, todavía estoy aprendiendo nuevos niveles de obediencia después de caminar treinta y dos años con el Señor. Mi cuerpo se está poniendo viejo, pero como resultado de la obediencia a Dios de maneras nuevas, mi espíritu se renueva con cada año que pasa. Y con cada nuevo paso de obediencia que tomo, experimento nuevas bendiciones y nueva libertad que antes no tenía y nunca pensé posible.

No caigas en la trampa de pensar que una vez que eres salva ya no tienes que esforzarte más. Eso es como casarse y no bañarse nunca más. Quizá lo logres hacer por un tiempo, pero es un negocio arriesgado y, en definitiva, la calidad de tu vida se va a ver dañada. El aprendizaje de la obediencia es un proceso de toda la vida. Siempre hay nuevas dimensiones por conquistar. Aun si has caminado con el Señor por cuarenta años, todavía necesitas pedirle a Dios que te muestre cualquier esfera en la que no eres obediente. *Nos metemos en problemas cuando pensamos que* sabemos *qué hacer y dejamos de preguntarle a Dios si* lo estamos haciendo. «Por eso es necesario que prestemos más atención a lo que hemos oído, no sea que perdamos el rumbo» (Hebreos 2:1, NVI).

Nunca debemos enorgullecernos de con cuánta perfección logramos obedecer a Dios porque Él sin cesar obra en nosotros y nos pide que nos movamos hacia nuevos niveles de crecimiento. Tampoco nos podemos ir al otro extremo, diciendo: «Este es el tipo de persona que soy, indisciplinada e incapaz de aprender». No tenemos excusa para no hacer lo que debemos cuando Dios nos dice que Él nos *permitirá* hacerlo si solo le pedimos su ayuda. Todo lo que tenemos que decir es: «Señor, hazme lo bastante disciplinada para obedecerte de la forma en que tú quieres que lo haga de modo que me transforme en la persona que tú pensaste cuando me creaste». Sin el trabajo de perfeccionamiento, equilibrio y refinamiento del Espíritu Santo, la libertad que tienes en Cristo se transformará en una licencia para hacer todo lo que te plazca.

OBEDIENCIA PERSONAL

Sumado a las reglas que todas debemos obedecer, hay cosas específicas que Dios nos pide a cada una de nosotras a fin de que nos movamos hacia el propósito que Él tiene para nuestra vida. Por ejemplo, ocho años atrás el Señor nos instruyó a mi esposo y a mí que nos mudáramos de California a Tennessee. Esto no era algo que quería hacer y ese pensamiento nunca había cruzado por mi cabeza. Era feliz donde estaba y no me quería ir. Sin embargo, como era una directiva clara de Dios, hicimos las maletas y obedecimos. Con el correr de los años, las razones de nuestra mudanza cada vez son más claras y estoy muy agradecida de que escuchamos la indicación de Dios y obedecimos. Aunque es probable que no la hubiéramos escuchado si no hubiéramos dicho las palabras: «Señor, muéstranos lo que se supone que debemos estar haciendo».

Es importante que te mantengas preguntándole a Dios qué quiere que *tú* hagas. Si no lo preguntas, no lo sabrás. Es así de simple. Por ejemplo, quizá Dios quiera que tengas un nuevo trabajo, o que dejes de hacer cierta actividad, o que te congregues en cierta iglesia, o que cambies la forma en que siempre has hecho algo. Cualquier cosa que Él te pida que hagas, recuerda que lo hace para tu mayor bendición. Y debes entender que tal vez no escuches que te habla si no has dado el otro paso de obediencia que Él espera que todas nosotras tomemos y que está fundado en su Palabra: «Dios aborrece hasta la oración del que se niega a obedecer la ley» (Proverbios 28:9, NVI). No hace daño preguntar.

Haces cosas que preferirías no hacer

Todas tenemos que hacer cosas que no queremos. Aun en los trabajos más maravillosos hay aspectos de ellos que no nos gustan. No obstante, parte de tener éxito en la vida significa hacer cosas que preferiríamos no hacer. Cuando hacemos cosas que no nos gustan simplemente porque sabemos que debemos hacerlas, eso edifica nuestro carácter. Nos hace disciplinadas. Nos forma como una líder en la que Dios puede confiar. Siempre hay que pagar un precio cuando abandonamos las cosas que *necesitamos* hacer a fin de hacer solo las cosas que *sentimos* deseos de hacer. Debemos estar dispuestas a hacer sacrificios por las bendiciones que queremos.

Cuando te resulte difícil hacer lo que *sabes* que debes hacer, pídele al Espíritu Santo que te ayude. Por supuesto, tú todavía eres la que tienes que dar el primer paso, no importa qué tan desalentador, intimidante, terrible, molesto o desagradable sea. Cuando lo hagas, el Espíritu Santo te ayudará el resto del camino. «Pondré dentro de vosotros mi Espíritu, y haré que andéis en mis estatutos, y guardéis mis preceptos, y los pongáis por obra» (Ezequiel 36:27).

Diez buenas razones para obedecer a Dios

Hay un sinnúmero de razones para obedecer a Dios, pero hay una razón principal: Él lo dice. Si no hubiera ninguna otra razón, esa sería suficiente. Sin embargo, hay muchos beneficios importantes que nos deben recordar con regularidad a ti y a mí y, a continuación, señalo diez de ellos.

1. *Escucha nuestras oraciones.* «Si en mi corazón hubiese yo mirado a la iniquidad, el Señor no me habría escuchado. Mas ciertamente me escuchó Dios; atendió a la voz de mi súplica» (Salmo 66:18-19).

2. *Disfrutamos de un sentido más profundo de la presencia de Dios.* «Si alguno me ama, guardará mi palabra; y mi Padre lo amará, y vendremos a él, y haremos con él morada» (Juan 14:23, LBLA).

3. *Obtenemos sabiduría.* «Él provee de sana sabiduría a los rectos; es escudo a los que caminan rectamente» (Proverbios 2:7).

4. *Tenemos la amistad de Dios.* «Ustedes son mis amigos si hacen lo que yo les mando» (Juan 15:14, NVI).

5. *Vivimos con seguridad.* «Pongan en práctica mis estatutos y observen mis preceptos, y habitarán seguros en la tierra» (Levítico 25:18, NVI).

6. *Nos perfeccionamos.* «El que guarda su palabra, en este verdaderamente el amor de Dios se ha perfeccionado; por esto sabemos que estamos en él» (1 Juan 2:5).

7. *Recibimos bendición.* «He aquí, hoy pongo delante de vosotros una bendición y una maldición: la bendición, si escucháis los mandamientos del SEÑOR vuestro Dios que os ordeno hoy» (Deuteronomio 11:26-27, LBLA).

8. *Encontramos felicidad.* «¡Feliz el pueblo que cumple la ley de Dios!» (Proverbios 29:18, DHH).

9. *Tenemos paz.* «Fíjate en el hombre honrado y sin tacha: el futuro de ese hombre es la paz» (Salmo 37:37, DHH).

10. *Tenemos una larga vida.* «Hijo mío, no te olvides de mi ley, y tu corazón guarde mis mandamientos; porque largura de días y años de vida y paz te aumentarán» (Proverbios 3:1-2).

Trampolín hacia el destino

Dios tiene grandes planes para ti. Tiene importantes cosas para que tú hagas. Y te está preparando ahora mismo para tu destino. Aun así, tienes que dar pasos de obediencia para llegar allí. Y tienes que confiar en que Él sabe el camino y que no te hará daño en el proceso.

Las reglas de Dios son para nuestro beneficio, no para hacernos desdichadas. Cuando vivimos por ellas, la vida da resultados. Cuando no, la vida se desmorona. Cuando obedecemos, tenemos claridad. Cundo no, tenemos confusión. Y hay una relación definida entre obediencia y el amor de Dios. Aunque Dios nos ama, no sentiremos su amor si caminamos en desobediencia a sus caminos.

También hay una relación directa entre la obediencia y la respuesta a nuestras oraciones (1 Juan 3:22). Si te sientes frustrada porque no ves respuesta a tus oraciones, pregúntale a Dios si se debe a tu desobediencia. Dile: «Señor, ¿hay alguna esfera en mi vida donde no te estoy obedeciendo?». No sigas diciéndole a Dios lo que quieres sin preguntarle lo que *Él* quiere.

Nunca sabes cuándo llegarás al momento para el que Dios te ha estado preparando. Y no es solo un momento; son muchos sucesivos. No importa si eres una mujer sola con una carrera o una señora casada con nueve hijos menores de diez años, no importa si tienes diecinueve años de edad o noventa, Dios te está preparando cada día para algo grande. Quiere que estés deseosa de permitirle que te purifique, fortalezca y que crezcas en Él. Sin embargo, tienes que participar según las reglas. «El que compite como atleta, no gana el premio si no compite de acuerdo con las reglas» (2 Timoteo 2:5, LBLA). No puedes nadar con éxito hacia el centro de esos momentos si no haces los debidos movimientos ahora.

Señor, tu Palabra dice que hay mucha paz para los que aman tu ley y que no habrá para ellos tropiezo (Salmo 119:125). Amo tu ley porque es buena y está allí para mi beneficio. Permíteme vivir en obediencia a cada parte de ella de modo que no tropiece y caiga. Ayúdame a obedecerte para que pueda habitar en confianza y paz sabiendo que vivo en tu camino.

Mi corazón quiere obedecerte en *todas* las cosas, Señor. Muéstrame dónde no lo estoy haciendo. Si hay pasos de obediencia que necesito dar y que no comprendo, oro para que abras mis ojos a fin de ver la verdad y ayúdame a dar esos pasos. Sé que no puedo hacer todas las cosas bien sin tu ayuda, así que te pido que me permitas vivir en obediencia a tus caminos. «Con todo mi corazón te he buscado; no me dejes desviarme de tus mandamientos» (Salmo 119:10).

Tu Palabra dice que «si decimos que no tenemos pecado, nos engañamos a nosotros mismos, y la verdad no está en nosotros» (1 Juan 1:8). No quiero engañarme a mí misma por no preguntarte dónde estoy fallando en lo que estableciste para mi vida. Revélame cuando *no* hago cosas que *debería* estar haciendo. Muéstrame si estoy haciendo cosas que no debo. Ayúdame a escuchar tus instrucciones específicas para mí. Háblame con claridad a través de tu Palabra a fin de que sepa lo que está bien y lo que está mal. No quiero entristecer al Espíritu Santo con nada de lo que hago (Efesios 4:30). Ayúdame a seguir aprendiendo siempre sobre tus caminos de modo que logre vivir en la plenitud de tu presencia y me mueva hacia todo lo que tienes para mí.

PROMESAS DE DIOS PARA MÍ

Cualquiera cosa que pidiéremos la recibiremos de él, porque guardamos sus mandamientos, y hacemos las cosas que son agradables delante de él.

1 JUAN 3:22

Porque sol y escudo es el SEÑOR Dios; gracia y gloria da el SEÑOR; nada bueno niega a los que andan en integridad.

SALMO 84:11, LBLA

El que guarda sus mandamientos, permanece en Dios, y Dios en él. Y en esto sabemos que él permanece en nosotros, por el Espíritu que nos ha dado.

1 JUAN 3:24

Dichosos los que oyen la palabra de Dios y la guardan.

LUCAS 11:28, LBLA

El que tiene mis mandamientos, y los guarda, ése es el que me ama; y el que me ama, será amado por mi Padre, y yo le amaré, y me manifestaré a él.

JUAN 14:21

⋟⋞ CAPÍTULO CINCO ⋟⋞

Señor, fortaléceme para resistir al enemigo

Cuando una tragedia inimaginable estalló sobre nuestra nación el 11 de septiembre en Nueva York, muchas personas se preguntaron: «¿Por qué pasó esto?». En medio de su insoportable dolor querían una respuesta. Hay muchas respuestas a esa pregunta, pero la principal es esta: Tenemos un enemigo. No solo me refiero a nosotros los de Nueva York ni a nosotros los de Estados Unidos de América. Quiero decir los que representamos las cosas de Dios. Hay un enemigo que se opone a todo lo que es Dios, a todo lo que hace y a cualquiera que crea en Él o trate de vivir en sus caminos.

Todas tenemos un enemigo que es como el terrorista de nuestra alma. Si no nos damos cuenta de esto, será fácil para él manipularnos. Por supuesto, él no es omnipresente ni omnisciente, no puede estar en todos lados ni saber todo lo que pensamos, pero si no nos damos cuenta cabal de que es un enemigo limitado y derrotado, nos agobiará a cada momento. Una de las cosas que Jesús logró cuando murió y resucitó fue quebrar el poder del enemigo. Cuando lo venció en la cruz, nos dio autoridad sobre él. Jesús dijo: «Les he dado autoridad a ustedes para [...] vencer todo el poder del enemigo; nada les podrá hacer daño» (Lucas 10:19).

Todas estamos enfrascadas en una lucha con un enemigo que nunca se detendrá. Aunque sean personas las que nos hacen cosas malas, debemos tener en mente que es nuestro mayor enemigo el que está detrás de todo eso. «Porque no tenemos lucha contra sangre y carne, sino contra principados, contra potestades, contra los gobernadores de las tinieblas de este siglo, contra huestes espirituales de maldad en las regiones celestes» (Efesios 6:12). Aun cuando una persona nos está atacando, saber quién es nuestro verdadero enemigo será el primer paso para mantenernos firmes en su contra.

De la misma manera que Dios tiene un plan para ti, Satanás también tiene uno. Su plan es robar y destruir tu vida. «El ladrón no viene sino para hurtar y matar y destruir» (Juan 10:10). Se disfraza para no parecer aterrador, y nos induce a pensar que no corremos ningún peligro (2 Corintios 11:14). Sin embargo, nunca se toma un día libre. Está tratando sin cesar que su plan para tu vida se complete. Es por eso que la Biblia nos dice: «Sed sobrios, y velad; porque vuestro adversario el diablo, como león rugiente, anda alrededor buscando a quien devorar» (1 Pedro 5:8).

La mayoría de las veces somos capaces de reconocer ataques obvios del enemigo. No obstante, los más sutiles, cuando nos están seduciendo para que aceptemos algo en nuestra vida que a la larga nos apartará del camino y nos destruirá, son más difíciles de reconocer. Por ejemplo, intentará hacerte creer que mereces cada cosa mala que te sucede. Y merecer no es el asunto con Dios. Nosotros no merecíamos que Jesús muriera por nosotros. Y lo hizo. La cuestión no es si merecemos las cosas que nos arroja el diablo. El asunto es que Jesús murió para que no tengamos que experimentarlas. Pídele a Dios que te ayude a discernir la obra del enemigo en tu vida. Luego «resistan al diablo, y él huirá de ustedes» (Santiago 4:7).

CINCO BUENAS ARMAS CONTRA
LA DESTRUCCIÓN MASIVA

Dios nos ha dado muchas armas para usar en contra de los planes de destrucción del enemigo. He aquí los cinco mejores:

1. *Un arma poderosa contra el enemigo es la Palabra de Dios.* Esta es el arma *más poderosa.* Jesús mismo la utilizó contra el diablo cuando el Espíritu Santo lo llevó al desierto y vino Satanás para tentarlo (Mateo 4:1). Es de pensar que si fueras el Hijo de Dios no deberías ir al desierto para nada, mucho menos para la tentación del enemigo. Pero «vino a él el tentador» de la manera que viene a cada una de nosotras, y Jesús usó la Palabra de Dios para refutarlo. Él dijo: «No solo de pan vivirá el hombre, sino de toda palabra que sale de la boca de Dios» (Mateo 4:4). Cuando el diablo trate de destruir tu vida, refútalo con la Palabra de Dios. «El hombre prudente ve el mal y se esconde, los simples siguen adelante y pagan las consecuencias» (Proverbios 27:12, LBLA). En el momento en que identifiques al diablo trabajando en medio de ti, escóndete en la Palabra de Dios.

2. *Un arma poderosa contra el enemigo es la alabanza.* El diablo odia cada vez que adoramos a Dios. Eso se debe a que no tolera que las personas adoren a otro que no sea él. Lo detesta tanto que ni siquiera puede estar cerca. Cuando alabamos y adoramos a Dios, su presencia habita con poder dentro de nosotros y el diablo debe irse.

3. *Un arma poderosa contra el enemigo es la obediencia.* Si estamos viviendo en pecado o de alguna manera caminando en desobediencia, esto deja una puerta abierta en nuestra vida para que el diablo gane un punto de entrada y al final se afiance en una posición. Hay cosas malas que suceden en nuestra vida que quizá se deban a la obra del enemigo, pero también es probable que nuestro propio pecado le haya dado un lugar en el cual erigir una fortaleza en nuestra vida. Satanás no tiene jurisdicción

sobre ti, pero la desobediencia a las leyes de Dios abre la puerta y pone una alfombra de bienvenida para él. La confesión y el arrepentimiento le cerrarán la puerta en la cara.

4. *Un arma poderosa contra el enemigo es la fe*. Ten presente que el enemigo está siempre plantando minas terrestres delante de ti. No sabes dónde están porque son invisibles al ojo humano. La forma de evitarlas es caminar cerca de Dios y dejar que Él guíe tus pasos. Eso requiere fe. «Resístanlo, manteniéndose firmes en la fe, sabiendo que sus hermanos en todo el mundo están soportando la misma clase de sufrimientos» (1 Pedro 5:8-9, NVI). Caminar en fe es una forma poderosa de evitar las trampas del enemigo.

5. *Un arma poderosa contra el enemigo es la oración*. La oración es un arma fuerte contra el enemigo. El ayuno la fortalece aun más. Con frecuencia la atadura del enemigo sobre nuestra vida solo se puede quebrar con oración y ayuno. Parecería que algo tan sencillo no hiciera mucho, pero es así. Y pudiera parecer que nada pasa mientras ayunas, pero hay cosas poderosas que se quiebran en el mundo espiritual. A menudo un simple ayuno de veinticuatro horas es suficiente para quebrar la atadura del enemigo sobre nuestra vida. El ayuno con regularidad mantendrá al enemigo a raya y las fortalezas destruidas. Es una manera de decir: «Me niego a lo que más deseo y pongo a Dios primero en mi vida». El enemigo odia esto porque es una manera segura de resistirlo y vencerlo.

Soy una buena persona, así que, ¿por qué me ataca a mí?

Muchas personas se han hecho esta pregunta, pero la pregunta se contesta sola. El diablo siempre atacará a cualquiera que ame a Dios y viva en sus caminos. Es más, ese es el principal criterio de su enemistad en contra tuya. La única forma de evitar que haga esto en tu contra es que te vuelvas como él. Deberás respaldar lo que él representa. Mientras tengas un corazón para las cosas de Dios, eres su objetivo.

Ten presente que cuanto mayor sea tu compromiso con el Señor, tanto más el enemigo tratará de acosarte. Por eso es que si estás yendo hacia un grado de mayor compromiso con Dios, o hacia un tiempo de liberación y libertad, o entrando a un nuevo ministerio o trabajo que Dios está abriendo para ti, puedes contar con que tu enemigo está intentando detenerte. Tratará de hacer todo lo posible para cansarte con desaliento, enfermedad, confusión, culpa, conflictos, miedo, depresión y derrota. Quizá hasta intente amenazar tu mente, tus emociones, tu salud, tu trabajo, tu familia o tus relaciones. Tratará de hacer que te rindas. Aunque no está ni cerca de ser tan poderoso como Dios, intenta hacerte creer lo contrario. Tratará de ganar un punto de control en tu vida a través del engaño. Tratará de cegarte hacia la verdad y que creas sus mentiras. Tratará de hacerte creer que está ganando la batalla, pero la verdad es que ya él la perdió.

Este es el trato. El diablo viene para robar, matar y destruir. Jesús vino para darte vida abundante. Hum... Déjame ver. Muerte y destrucción por el lado de Satanás. Vida y abundancia por el lado de Jesús. ¿Quiere decir esto que si no estás viviendo una vida de abundancia el diablo te la debe estar robando? Creo que esa es una buena posibilidad, sobre todo porque esa es su meta en la vida. La única otra posibilidad que nos queda es que no estés alineada en verdad con Dios y no vivas en sus caminos. Pídele a Dios que te muestre la verdad sobre tu situación. No dejes que el enemigo de tu alma te convenza de aceptar nada menos de lo que Dios tiene para ti.

~ *Mi oración a Dios* ~

Señor, gracias por sufrir y morir en la cruz por mí, y por levantarte de nuevo de la derrota de la muerte y el infierno. Mi enemigo está derrotado a causa de lo que hiciste. Gracias porque me has dado toda autoridad sobre él (Lucas 10:9). Por el poder de tu Espíritu Santo puedo resistir con éxito al diablo y él debe huir de mí (Santiago 4:7). Muéstrame cuándo no reconozco la intromisión del enemigo en mi vida. Enséñame a usar la autoridad que me has dado para verlo derrotado en cada esfera.

Revélame cualquier lugar en mi vida en el que esté caminando en desobediencia. Si le he dado al enemigo algún lugar de mi armadura por el cual puede enganchar un anzuelo, muéstramelo para que lo pueda corregir. Prepárame para la batalla con una fe fuerte en ti y en tu Palabra. Ayúdame a orar y ayunar con regularidad a fin de ser capaz de destruir cualquier fortaleza que el enemigo intente erigir en mi vida.

Señor, sé que en medio de la batalla no debo ser cobarde. No debo tener miedo frente al enemigo (Deuteronomio 20:3). Gracias porque aunque el enemigo trate de capturarme para hacer su voluntad, tú me has dado el poder para escapar por completo de sus trampas (2 Timoteo 2:26). Gracias porque me has liberado de él (Salmo 18:17) y porque tú eres mi escudo por vivir en tus caminos (Proverbios 2:7). Ayúdame a no ser «vencido por lo malo», sino dame la fortaleza para «vencer con el bien el mal» (Romanos 12:21). Escóndeme en lo secreto de tu presencia de la conspiración del hombre (Salmo 31:20). Gracias porque el enemigo nunca me derribará mientras permanezca firme en ti.

~⊸€⊱~ PROMESAS DE DIOS PARA MÍ ⊰€⊸~

El Señor es fiel, y él los fortalecerá y los protegerá del maligno.

2 Tesalonicenses 3:3, nvi

Tomad toda la armadura de Dios, para que podáis resistir en el día malo, y habiendo acabado todo, estar firmes. Estad, pues, firmes, ceñidos vuestros lomos con la verdad, y vestidos con la coraza de justicia, y calzados los pies con el apresto del evangelio de la paz. Sobre todo, tomad el escudo de la fe, con que podáis apagar todos los dardos de fuego del maligno. Y tomad el yelmo de la salvación, y la espada del Espíritu, que es la palabra de Dios; orando en todo tiempo con toda oración y súplica en el Espíritu, y velando en ello con toda perseverancia y súplica por todos los santos.

Efesios 6:13-18

Cuando pasa el torbellino, ya no existe el impío, pero el justo tiene cimiento eterno.

Proverbios 10:25, lbla

Fortaleceos en el Señor, y en el poder de su fuerza. Vestíos de toda la armadura de Dios, para que podáis estar firmes contra las asechanzas del diablo.

Efesios 6:10-11

CAPÍTULO SEIS

Señor, muéstrame cómo tomar el control de mi mente

Recuerdo la tarde de un viernes en particular cuando mi esposo estaba fuera de la ciudad en un viaje y mis hijos estaban cada uno pasando la noche en casa de amigos. Con todos fuera, para mí era una rara oportunidad de tener un tiempo tranquilo y poder escribir bastante.

Para mi sorpresa, sin embargo, después que se fueron sentí una gran soledad y tristeza. Pensé en todo lo que estaba mal en mi vida y me sentí deprimida. Estaba tan mal que no podía pensar en otra cosa.

Estos pensamientos me paralizaron a tal punto que no podía llamar a nadie, ir a ninguna parte, ponerme al día con la correspondencia, ni hacer ningún trabajo en la casa. Y, por supuesto, no pude escribir nada. Simplemente me senté en mi cuarto a llorar con la Biblia abierta en mi regazo.

«Señor, muéstrame lo que me está pasando y lo que debo hacer al respecto», oré. «Voy a ayunar hasta que escuche de ti o hasta que esto se quiebre».

Ayuné todo el sábado y la noche. Cerca de las cuatro de la mañana me desperté con una gran ansiedad en mi alma. Me levanté y comencé a leer la Biblia. Cuando mis ojos se posaron en las palabras de Isaías acerca de cambiar «manto de alegría en lugar del espíritu angustiado» (Isaías 61:3), supe en ese momento que estaba luchando con un espíritu de angustia. No había nada malo en mí ni en mi vida, pero el enemigo trataba de llevarme a pensar que sí lo había.

Por los siguientes veinte minutos canté canciones de alabanza a Dios y declaré su Palabra en voz alta. Le dije al enemigo que se alejara de mí, y le agradecí al Señor por haberme dado autoridad para hacer eso. Entonces, con una claridad como nunca antes, sentí que se levantaba un pesado manto de opresión espiritual. Se levantó con tanta rapidez y tan completamente que me di cuenta que había estado luchando con un ataque directo del enemigo.

Al mirar atrás, creo que se debió a que estaba en medio de escribir *El poder de la esposa que ora* y el enemigo quería que me rindiera. Y sucedió lo opuesto. En los días subsiguientes tuve una nueva visión sobre mi vida y mi futuro, y un renovado compromiso a identificar y resistir las mentiras del enemigo. Me di cuenta de que debería haber identificado sus mentiras en el momento que entraron en mi mente en lugar de aceptarlas como verdad.

Toma el control

Una gran parte de resistir al enemigo de nuestras almas es tomar control sobre nuestras mentes. Como dice la Biblia, debemos aprender a llevar todo pensamiento cautivo a Jesucristo (2 Corintios 10:5).

Fue una revelación sorprendente para mí como nueva cristiana saber que no debía dar lugar a cada pensamiento en mi cabeza. Tenía la opción de escucharlos o no. Muchos asesinos en serie hablan de cómo escuchan voces en su cabeza que le dicen que maten y ellos solo obedecen. Cuando las personas no han cultivado el discernimiento de las voces de su cabeza, no reconocen la voz del diablo. Es un engañador inteligente que vendrá a cada una de nosotras y tratará de decirnos mentiras a nuestra mente. Debemos estar preparadas.

LAS MENTIRAS QUE CREEMOS

¿Tuviste alguna vez algún pensamiento que sonó una y otra vez en tu cabeza como un viejo disco rallado? ¿Nunca te vino un pensamiento a la mente que te produjo una sensación física en el cuerpo, como una sensación en la boca del estómago, rigidez en tu garganta, debilidad en tus piernas y tus brazos, lágrimas en tus ojos, un rubor en tu cara y en tu cuello? ¿Plagaron tu mente alguna vez los pensamientos de «Qué tal si...», como «Qué tal si salto del balcón», o «Qué tal si estrello mi coche contra la pared»? ¿Tuviste alguna vez pensamientos de «Si al menos»? Tales como «Si al menos no hubiera hecho eso». «Si al menos no hubiera entrado allí». «Si al menos hubiera dicho algo». ¿Alguna vez tuviste pensamientos de condenación propia? «Nadie se interesa por mí». «Soy un fracaso». «No soy buena». «Nada me sale bien».

Si has tenido pensamientos como esos, debes saber por favor que no es Dios el que te da una revelación sobre tu vida. Es el enemigo que intenta controlar tu mente.

La vida tiene mucho sufrimiento, pero muchas veces sufrimos sin necesidad por las mentiras que creemos acerca de nosotras mismas y nuestras circunstancias. Aceptamos como hecho las palabras que dice el enemigo de nuestra alma y que quiere destruirnos. Podemos volvernos temerosas, depresivas, enojadas, dudosas, confusas, inseguras, sin esperanza, derribadas, preocupadas, llenas de conmiseración propia, todo por las mentiras que creemos. No obstante, podemos superar cada una de estas mentiras con oración, fe y la verdad de la Palabra de Dios.

Debes estar alerta, sin embargo, de que una de las tácticas del enemigo es tratar de robarte la Palabra de Dios. Lo hace al conseguir que cuestiones la Palabra de Dios, tal como lo hicieron Adán y Eva en el huerto. «¿En realidad Dios dijo eso?» «¿En verdad Dios querrá decir eso?» ¿En realidad le importará a Dios si haces esto?» «¿En verdad le importas a Dios?»

Cuando los pensamientos que vienen a tu mente comienzan a cuestionar o contradecir la Palabra de Dios, el enemigo te está acorralando. Recuerda, «hay camino que al hombre le parece derecho; pero su fin es camino de muerte» (Proverbios 14:12). Algunos pensamientos te parecerán acertados, pero cuando los sostienes cerca de la Palabra de Dios, la mentira queda expuesta.

El engaño es el continuo plan de ataque del enemigo. Jesús dijo que el diablo «ha sido homicida desde el principio, y no ha permanecido en la verdad, porque no hay verdad en él. Cuando habla mentira, de suyo habla; porque es mentiroso, y padre de mentira» (Juan 8:44). El *único* poder que tiene el enemigo es en hacer que la gente crea en sus mentiras. Si no creen en sus mentiras, no tiene poder para hacer su trabajo.

ESCOGE TUS PENSAMIENTOS CON CUIDADO

Tienes la opción sobre lo que vas a aceptar en tu mente y lo que no. Puedes escoger llevar todo pensamiento cautivo y que tu actitud «sea como la de Cristo Jesús» (Filipenses 2:5, NVI), o puedes permitir que el diablo te alimente con mentiras y manipule tu vida. Cada pecado comienza como un pensamiento en la mente. «Porque de adentro, del corazón de los hombres, salen los malos pensamientos, fornicaciones, robos, homicidios, adulterios, avaricias, maldades, engaños, sensualidad, envidia, calumnia, orgullo e insensatez» (Marcos 7:21-22, LBLA). Si tú no tomas control de tu mente, el diablo lo hará.

Por eso es que debemos ser diligentes en monitorear lo que permitimos en nuestra mente. ¿Qué programas de televisión, revistas y libros miras? ¿Qué música, radio, programas, discos compactos escuchas? ¿Llenan tu mente de buenos pensamientos y alimentan tu espíritu de forma que te sientes enriquecida, clara de mente, en paz y bendecida, o te vacían y te dejan sintiéndote carente de sentido, confusa, ansiosa y temerosa? «Pues Dios no es Dios de confusión, sino de paz» (1 Corintios 14:33). Cuando llenamos nuestra mente con la Palabra de Dios y buenos libros y revistas escritos por personas en las que reside el Espíritu Santo, y escuchamos música que alaba y glorifica a Dios, no dejamos espacio para la propaganda del enemigo.

Si quieres determinar si tus pensamientos vienen del enemigo o de Dios, pregúntate: «¿Estos son los pensamientos que *decidiría* tener?». Si la respuesta es no, es probable que sean de tu enemigo. Por ejemplo, si estás sentada en la iglesia y de repente te imaginas al coro desnudo, reconoce de dónde viene este pensamiento. En lugar de castigarte por tener estos pensamientos impuros, dile al enemigo que se vaya de tu cerebro porque tú no vas a permitir que tu alma sea un basurero para su basura. Dile que tú tienes «la mente de Cristo» y que no vas escuchar nada que no sea coherente con esto (1 Corintios 2:16).

La negación a considerar la perversidad en tus pensamientos es parte de resistir al diablo. ¿Cuántas personas conocemos que debieron hacer esto y no lo hicieron?

No tienes que vivir con confusión u opresión de mente. No tienes que andar «como andan también los gentiles, en la vanidad de su mente, entenebrecidos en su entendimiento, excluidos de la vida de Dios por causa de la ignorancia que hay en ellos, por la dureza de su corazón» (Efesios 4:17-18). Por el contrario, puedes tener claridad y entendimiento. Aunque tu enemigo trate de convencerte de que tanto tu futuro como el suyo no tiene esperanza, o que eres una fracasada sin propósito, sin valor, sin dones ni habilidades, Dios dice exactamente lo opuesto. Cree a Dios y no escuches nada más.

~ *Mi oración a Dios* ~

Señor, ayúdame a que nunca cambie tu verdad por la mentira. Donde haya aceptado una mentira como verdad, revélamelo. Ayúdame a discernir con claridad cuando habla el enemigo. No quiero tener pensamientos fútiles o tontos, ni darle lugar a pensamientos que no te glorifican (Romanos 1:21). No quiero vivir de acuerdo a mi propio pensamiento (Isaías 65:2). Quiero llevar todo pensamiento cautivo y controlar mi mente.

Tu Palabra «discierne los pensamientos y las intenciones del corazón» (Hebreos 4:12). Al leer tu Palabra, haz que me revele cualquier mal pensamiento en mí. Que tu Palabra se grabe de tal manera en mi mente que sea capaz de identificar una mentira del enemigo en el momento que la escucho. Espíritu de Verdad, no permitas que me engañe. Sé que me has dado autoridad «sobre todo el poder del enemigo» (Lucas 10:19, LBLA), y por eso le ordeno al enemigo que salga de mi mente. Me niego a escuchar sus mentiras.

Gracias, Señor, porque tengo «la mente de Cristo» (1 Corintios 2:16). Quiero que tus pensamientos sean mis pensamientos. Muéstrame dónde he llenado mi vida con cosas impuras. Ayúdame a que rehúse seguir haciéndolo, y, en su lugar, llena mi mente con pensamientos, palabras, música e imágenes que te glorifiquen. Ayúdame a pensar en todo lo que es verdadero, noble, justo, puro, amoroso, de buen nombre, virtuoso y digno de alabanza (Filipenses 4:8). Reclamo el «dominio propio» que me has dado (2 Timoteo 1:7).

PROMESAS DE DIOS PARA MÍ

No os conforméis a este siglo, sino transformaos por medio de la renovación de vuestro entendimiento, para que comprobéis cuál sea la buena voluntad de Dios, agradable y perfecta.

ROMANOS 12:2

Aunque andamos en la carne, no militamos según la carne; porque las armas de nuestra milicia no son carnales, sino poderosas en Dios para la destrucción de fortalezas, derribando argumentos y toda altivez que se levanta contra el conocimiento de Dios, y llevando cautivo todo pensamiento a la obediencia a Cristo.

2 CORINTIOS 10:3-5

El ocuparse de la carne es muerte, pero el ocuparse del Espíritu es vida y paz.

ROMANOS 8:6

En cuanto a la pasada manera de vivir, despojaos del viejo hombre, que está viciado conforme a los deseos engañosos, y renovaos en el espíritu de vuestra mente, y vestíos del nuevo hombre, creado según Dios en la justicia y santidad de la verdad.

EFESIOS 4:22-24

Tú guardarás en completa paz a aquel cuyo pensamiento en ti persevera; porque en ti ha confiado.

ISAÍAS 26:3

CAPÍTULO SIETE

Señor, gobiérname en cada esfera de la vida

Conozco a un hombre joven que tiene un corazón para con Dios y que está tremendamente dotado para liderar la alabanza y enseñar la Palabra. Sin embargo, es incapaz de entregar por completo su vida al Señor. Continúa viviendo a su manera, haciendo de las suyas y está sin cesar frustrado porque nada resulta en su vida, no solo en lo personal, sino también en su carrera y sus finanzas. Sé que si tan solo dijera: «Lo que sea que quieras, Señor, lo haré», y lo cumpliera, Dios lo usaría con poder y cada parte de su vida sería bendecida.

¿Por qué algunas personas parecen no crecer nunca al Señor? ¿Por qué van de una calamidad a la otra, sin poder nunca ir más allá del nivel de supervivencia? ¿Por qué rara vez experimentan el gozo del Señor, si es que lo hacen alguna vez? ¿Una revelación espiritual? ¿Una profundización de su relación con Él? ¿Animarse a dar un paso en el campo en el que tienen dones? ¿Por qué son incapaces de moverse hacia los propósitos y destino que Dios tiene para ellas?

La respuesta, creo, descansa en la palabra «entrega». No han entregado todo a Dios. En verdad, no hacen de Jesús el Señor de sus vidas.

Entregar todo significa estar dispuesta a decir: «Señor, lo que sea que quieres que haga, lo haré. Digo sí a cualquier cosa que me pidas, aunque signifique morir a mí misma y a mis deseos. Dejaré las cosas de la carne que deseo a fin de poder tener más de ti en mi vida. Iré a la iglesia aun cuando sienta deseos de quedarme en casa. Ayunaré aun cuando sienta deseos de comer. Oraré aun cuando sienta deseos de ir a la cama. Leeré tu Palabra cuando preferiría mirar televisión. Voy a dar cuando preferiría gastar el dinero en mí misma. Entraré en alabanza y adoración como mi primera reacción en lugar de como mi último recurso. Haré todo lo que me digas para complacerte y moverme hacia todo lo que tienes para mí». Esta actitud de entrega implica poner a Dios en primer lugar y someternos a su mandato. Y es determinante en nuestra vida.

Jesús es Señor ya sea que lo declaremos o no. Eso se debe a que «Dios también le exaltó hasta lo sumo, y le dio un nombre que es sobre todo nombre, para que en el nombre de Jesús se doble toda rodilla de los que están en los cielos, y en la tierra, y debajo de la tierra; y toda lengua confiese que Jesucristo es el Señor, para gloria de Dios Padre» (Filipenses 2:9-11). Sin embargo, no es solo el Dios sobre el universo, es Señor sobre cada una de nuestras vidas también. Que lo reconozcamos o no determinará el éxito y la calidad de nuestra vida. Si no declaramos personalmente a Jesús como Señor de nuestras vidas, demuestra que el Espíritu Santo no nos controla. «Nadie puede llamar a Jesús Señor, sino por el Espíritu Santo» (1 Corintios 12:3). Revela que la carne es la que nos sigue controlando.

LO QUE TÚ DIGAS, SEÑOR

Seguro que recuerdas haber visto películas de vaqueros en las cuales el bueno (con camisa blanca) atrapa al malo (con camisa negra), lo apunta con su pistola y dice: «¡Arriba las manos!». El malo lo suelta todo, levanta las manos y dice: «Me rindo».

Bueno, este es el tipo de entrega que Dios quiere. Solo que tú no eres la mala y Dios no te está apuntando con un arma. Él te apunta con su dedo. Aunque no de una manera acusadora ni violenta. Te apunta de una forma amorosa, como Él lo haría si te eligiera para su equipo. Te está diciendo: «¡Tú! ¡Te quiero a ti! Entrégate a mí a fin de darte todo lo que tengo para ti».

Si soltamos todo y decimos: «Me entrego, Señor. Me rindo. Toma todo. Haré lo que me digas», nuestra vida será mejor en todas sus formas.

¿Por qué es tan difícil para nosotras simplemente decir: «Lo que quieras, Señor. Haré todo lo que pidas»? Es porque deseamos lo que queremos y tenemos miedo de lo que Dios quizá nos pida. Pensamos que tal vez Él haga algo para lastimarnos. Además, no es solo *decir*: «Jesús es Señor». Debemos *hacer* lo que Él *dice*. Jesús dijo: «¿Por qué me llamáis, Señor, Señor, y no hacéis lo que yo digo?» (Lucas 6:46). Dudamos de que lo que nos va a pedir Dios será para nuestra más grande bendición. Y eso es un error. Dios quiere que estemos en el equipo ganador.

Si sientes que no estás experimentando un avance en tu vida, mira si en verdad le entregaste todo al Señor. ¿Le diste a Jesús el lugar de Señor? ¿Lo soltaste todo? Si no lo has hecho, levanta las manos y da ese primer paso.

Jesús dijo: «El que no carga su cruz y viene en pos de mí, no puede ser mi discípulo» (Lucas 14:27, LBLA). No puedes llevar su cruz a menos que te entregues a Él. Una vida entregada, una vida enteramente dirigida por Dios puede ser usada con poder para los propósitos de su reino. Dios no quiere solo una parte de ti. Lo quiere todo. Ora para darle a Dios lo que Él quiere.

~ Mi oración a Dios ~

Señor, me inclino ante ti este día y declaro que tú eres Señor sobre cada esfera de mi vida. Me entrego a mí misma y a mi vida a ti y te invito a que gobiernes cada espacio de mi mente, alma, cuerpo y espíritu. Te amo con todo mi corazón, con toda mi alma y con toda mi mente. Me comprometo a confiar en ti con todo mi corazón. Declaro que eres el Señor sobre cada esfera de mi vida hoy y cada día.

Permíteme negarme a mí misma a fin de tomar mi cruz y seguirte cada día. (Lucas 9:23). Quiero ser tu discípula como dijiste en tu Palabra (Lucas 14:27). Ayúdame a hacer lo que sea necesario. Quiero perder mi vida en ti para poder salvarla (Lucas 9:24). Enséñame lo que eso significa. Háblame para que pueda entender.

Ayúdame a decirte sí enseguida cuando me das instrucciones para mi vida. Mi deseo es agradarte y no negarte nada. Te entrego mis relaciones, mis finanzas, mi trabajo, mi recreación, mis decisiones, mi tiempo, mi cuerpo, mi mente, mi alma, mis deseos y mis sueños. Los pongo en tus manos para que puedan ser usados para tu gloria. Declaro en este día que «con Cristo estoy juntamente crucificado, y ya no vivo yo, mas vive Cristo en mí; y lo que ahora vivo en la carne, lo vivo en la fe del Hijo de Dios, el cual me amó y se entregó a sí mismo por mí» (Gálatas 2:20). Gobierna cada esfera de mi vida, Señor, y guíame hacia todo lo que tienes para mí.

PROMESAS DE DIOS PARA MÍ

Si alguno quiere venir en pos de mí, niéguese a sí mismo, tome su cruz cada día, y sígame. Porque todo el que quiera salvar su vida, la perderá; y todo el que pierda su vida por causa de mí, éste la salvará.

LUCAS 9:23-24

Si vivimos, para el Señor vivimos; y si morimos, para el Señor morimos. Así pues, sea que vivamos, o que muramos, del Señor somos.

ROMANOS 14:8

Por tanto, de la manera que habéis recibido al Señor Jesucristo, andad en él; arraigados y sobreedificados en él, y confirmados en la fe, así como habéis sido enseñados, abundando en acciones de gracias.

COLOSENSES 2:6-7

Confía en el Señor con todo tu corazón, y no te apoyes en tu propio entendimiento. Reconócele en todos tus caminos, y Él enderezará tus sendas.

PROVERBIOS 3:5-6, LBLA

Humíllense, pues, bajo la poderosa mano de Dios, para que él los exalte a su debido tiempo. Depositen en él toda ansiedad, porque él cuida de ustedes.

1 PEDRO 5:6-7, NVI

✑ CAPÍTULO OCHO ✑

Señor, llévame más profundo en tu Palabra

Hace un tiempo atrás fui al hospital por una cirugía de emergencia. Estuve allí cerca de dos semanas y luego estuve seis semanas en casa con una enfermera. Después de eso, tuve ocho meses de recuperación. Pasó más de un año antes de sentirme que estaba cerca de regresar a la normalidad (te daré más detalles sobre esto en un capítulo posterior).

Durante ese tiempo en el hospital, estaba demasiado enferma y con demasiado dolor como para leer la Biblia. Estaba conectada a una máquina con tubos que salían y entraban a mi cuerpo, así que no podía sentarme ni darme vuelta. Eso significaba que sostener una pesada Biblia estaba fuera de discusión. Como necesitaba atención las veinticuatro horas, mi hermana organizó a mi esposo, mis hijos y amigos cercanos para que pasaran un determinado tiempo conmigo. Cada persona tenía un turno de tres horas en diferentes días, a excepción de mi hija que optó por un turno de doce horas, de las ocho de la noche hasta las ocho de la mañana. Esto era en extremo difícil para ella porque estaba en la universidad en ese momento y tenía que levantarse por mí cada dos horas durante la noche y después estar en la universidad todo el día. Además de todo lo que estas personas amorosas hacían por mí, dependía de ellas para que me leyeran la Palabra de Dios.

Cuando me enviaron a casa con una enfermera, tuve que estar aislada de todas las personas, a excepción de mis familiares cercanos, por miedo a una infección. Durante ese tiempo, nadie tenía tiempo de leerme la Biblia porque todos estaban muy ocupados. (No lo digo como crítica; cada uno tenía que hacerse cargo de mí además de hacer el trabajo que yo solía hacer sumado a sus propios trabajos a tiempo completo). Era una considerable tensión para todos.

Así que durante el tiempo de convalecencia en casa, escuchaba la Biblia en casete. Sin embargo, no era lo mismo que leerla yo. No retengo tan bien la información cuando son otros los que leen. Además, en el casete la persona lee sin detenerse. Descubrí que me quedaba pensando en un versículo que escuchaba y no escuchaba los otros diez. Por lo general, cuando la lectura de la Biblia la hacía yo, leía cada versículo despacio y a fondo, en especial los que me hablaban en ese momento. Me tomaba tiempo para digerirlos en mi ser interior y le pedía a Dios que me enseñara nuevas cosas que no había visto antes.

Aun después que comencé a recobrarme y de poder comenzar a sentarme y leer yo misma la Biblia, mi mente estaba tan nublada y mis ojos tan inflamados por toda la anestesia y las medicinas que tenía que tomar cada día que me costaba absorberla. Sabía que el problema estaba en *mí*, pero la Biblia no me hablaba como de costumbre, y me sentía impotente sobre qué hacer al respecto. Leer la Palabra había sido siempre algo que me daba vida, pero ahora se había vuelto más como una rutina. Leía porque sabía que lo necesitaba.

Otro factor en todo esto fue que no pude ir a la iglesia en seis meses, de forma que tampoco recibí enseñanza de la Palabra desde el púlpito ni desde el estudio bíblico. No había estado sin ese tipo de enseñanza por más de dos semanas seguidas desde que me convertí treinta y un años atrás.

Escuchaba grabaciones de sermones, pero mi mente divagaba, y con frecuencia me quedaba dormida a la mitad.

Como no me alimentaba con regularidad en la Palabra de Dios como de costumbre, comencé a perder terreno en mi vida. Se volvió más difícil tomar decisiones porque no escuchaba la voz de Dios con la misma claridad que solía hacerlo. Era difícil escribir porque no me enfocaba en lo que Dios quería que dijera. Sobre todo, me sentía vacía por dentro. No fue hasta que pensé en *orar* de manera específica por este problema que experimenté un avance en esta esfera. Oré: «Señor, necesito que tu Palabra vuelva a tener vida para mí. Haz que suceda, Padre. Aclara mi mente y mi alma. Enséñame cosas nuevas. Ayúdame a profundizar en tu Palabra como nunca antes».

Alrededor de una semana después de haber comenzado a orar por esto, Dios me contestó. La Biblia se volvió fresca y estimulante otra vez. Encontré una nueva revelación. Nuevo entendimiento. Decidí que si Dios contestó esa simple oración, por qué no orar cada vez que leemos la Biblia: «Señor, llévame más profundo en tu Palabra». Nuestro tiempo con la Palabra de Dios es uno de los aspectos más importantes de nuestra vida y debería cubrirse con oración.

PAN DIARIO PARA NUESTRA ALMA

La Palabra de Dios es pan para nuestras almas. No podemos vivir sin ella. Está escrito que «no solo de pan vivirá el hombre, sino de toda palabra que sale de la boca de Dios» (Mateo 4:4). Si no nos alimentamos sin cesar con la Palabra de Dios, morimos de hambre espiritual.

En los meses en que estuve en el hospital y en recuperación, me sorprendí de cuánto perdí de la Palabra de Dios por mi memoria. Me di cuenta de que la medicina y los anestésicos contribuyeron bastante a ello, pero no daba crédito a que no fuera capaz de recordar ciertos pasajes que solía citar con facilidad. Después de todos esos años leyendo la Biblia, ¿cómo perdí tanto con tanta rapidez? Por supuesto, hay algunos pasajes que están grabados en mi cerebro y en mi alma que es probable que los pueda recitar en mi sueño, pero me di cuenta de cuán importante es para cada uno de nosotras *guardar* la Palabra de Dios que se ha depositado en nuestras almas. «Por tanto, debemos prestar mucha mayor atención a lo que hemos oído, no sea que nos desviemos» (Hebreos 2:1, LBLA). No nos damos cuenta de con cuánta rapidez nos lo pueden robar.

Sé una hacedora de la Palabra

No importa por cuánto tiempo hayas caminado con Dios; Él siempre tiene cosas nuevas para enseñarte. Puede haber nuevas dimensiones sobre lo que ya sabes o puede haber algo que nunca hayas visto antes. De cualquier manera, no es suficiente *aprender* la verdad; debes *actuar* sobre ella. «Sed hacedores de la palabra, y no tan solamente oidores, engañándoos a vosotros mismos. Porque si alguno es oidor de la palabra pero no hacedor de ella, éste es semejante al hombre que considera en un espejo su rostro natural. Porque él se considera a sí mismo, y se va, y luego olvida cómo era» (Santiago 1:22-24). Si no *hacemos* lo que dice la Palabra, no solo la *olvidamos*, sino que en el proceso olvidamos quiénes somos.

En cualquier momento en que leas la Palabra de Dios es esencial que le pidas ayuda práctica para aplicarla a tu vida. Da un paso que indique que crees lo que leíste y que vas a vivir de acuerdo a ello. Si no, te arrebatarán lo que sabes de la Palabra. Es posible *escuchar* la Palabra, *leer* la Palabra y hasta *enseñar* la Palabra y aún mantenerse intocable y sin que te afecten. Toda la Escritura nos enseñará, convencerá, enriquecerá, sanará y revelará nuestros corazones. Sin embargo, debemos actuar en correspondencia con ella. Es por eso que debes pedirle a Dios que te hable cada vez que leas su Palabra y que te muestre qué deberías estar haciendo en respuesta a ella.

DIEZ BUENAS RAZONES PARA LEER LA PALABRA DE DIOS

Si tienes problemas para estar en la Palabra de Dios cada día, aquí van solo unas pocas buenas razones que deben inspirarte a leer la Biblia:

1. *Para saber hacia dónde vas.* No puedes ver el futuro ni hacia dónde te diriges con *exactitud*, pero la Palabra de Dios te guiará. «Afirma mis pasos en tu palabra, y que ninguna iniquidad me domine» (Salmo 119:133, LBLA).

2. *Para tener sabiduría.* El conocimiento de la Palabra de Dios es donde la sabiduría comienza a crecer en ti. «La ley del Señor es perfecta, que restaura el alma; el testimonio del Señor es seguro, que hace sabio al sencillo» (Salmo 19:7, LBLA).

3. *Para encontrar el éxito.* Cuando vives de acuerdo a las enseñanzas de la Palabra, la vida da resultados. «Este libro de la ley no se apartará de tu boca, sino que meditarás en él día y noche, para que cuides de hacer todo lo que en él está escrito; porque entonces harás prosperar tu camino y tendrás éxito» (Josué 1:8, LBLA).

4. *Para vivir en pureza.* Debes vivir una vida de santidad y pureza para poder disfrutar más de la presencia del Señor, pero no puedes ser pura sin ser limpia por la Palabra de Dios. «¿Con qué limpiará el joven su camino? Con guardar tu palabra» (Salmo 119:9).

5. *Para obedecer a Dios.* Si no comprendes cómo son las leyes de Dios, ¿de qué manera las vas a obedecer? «Enséñame, oh SEÑOR, el camino de tus estatutos, y lo guardaré hasta el fin. Dame entendimiento para que guarde tu ley y la cumpla de todo corazón. Hazme andar por la senda de tus mandamientos, porque en ella me deleito» (Salmo 119:33-35, LBLA).

6. *Para tener gozo.* No puedes ser libre de la ansiedad y la falta de descanso sin la Palabra de Dios en tu corazón. «Los preceptos del SEÑOR son rectos, que alegran el corazón; el mandamiento del SEÑOR es puro, que alumbra los ojos» (Salmo 19:8, LBLA).

7. *Para crecer en la fe.* No puedes crecer en la fe sin leer y oír la Palabra de Dios. «Así que la fe es por el oír, y el oír, por la palabra de Dios» (Romanos 10:17).

8. *Para hallar liberación.* No podrás saber de qué necesitas ser libre a menos que estudies la Palabra de Dios para encontrarlo. «Si ustedes se mantienen fieles a mi palabra, serán de veras mis discípulos; conocerán la verdad, y la verdad los hará libres» (Juan 8:31-32, DHH).

9. *Para tener paz.* Dios te dará una paz que no puede darte el mundo, pero primero debes encontrarla en su Palabra. «Mucha paz tienen los que aman tu ley, y nada los hace tropezar» (Salmo 119:165, LBLA).

10. *Para distinguir el bien del mal.* Todo se ha vuelto tan relativo hoy, ¿cómo puedes saber con certeza qué es bueno y qué es malo sin la Palabra de Dios? «En mi corazón he guardado tus dichos, para no pecar contra ti» (Salmo 119:11).

EN BUSCA DEL ORO

Dios tiene pepitas de oro y diamantes distribuidos en toda su Palabra, pero debemos extraerlas. Y, al igual que las piedras preciosas y los metales cuando se acaban de sacar de la tierra, a los tesoros de la Palabra de Dios hay que pulirlos y refinarlos en nosotras a fin de que tengan el brillo que son capaces de revelar. Cada vez que en tu corazón vas de nuevo a una de las promesas de Dios, se vuelve más refinada y pulida en ti y brilla más en tu alma.

Una de las más preciadas gemas que encontrarás en la Palabra de Dios es su voz. Eso se debe a que Él nos habla a través de su Palabra al leerla u oírla. Es más, en verdad no aprendemos a reconocer la voz de Dios a nuestra alma si no lo oímos primero hablarnos a través de su Palabra. Cuanto más lo escuchas, más fácil te resulta reconocerlo y menos oportunidades tienes de aceptar una falsificación.

Hubo incontables veces en mis primeros años de caminar con el Señor cuando todavía sufría de depresión y ansiedad en que me volví a la Palabra. Todo lo que hacía falta era leer la Palabra por unos pocos minutos, para sentirme calmada y esperanzada otra vez. Esto se debe a que la Palabra fortalece nuestras mentes y almas y nos ayuda a pensar con claridad acerca de las cosas. Nos aleja de pensamientos que nos destruyen y nos permite disfrutar de una sensación de bienestar. Nos da esperanza y nos mantiene en el rumbo. Nos ofrece un fundamento sólido sobre el cual edificar una vida de plenitud. Pídele a Dios que se encuentre contigo cada día en su Palabra. Él anhela esto y espera que tú también.

No hay manera de caminar cerca del Señor, ni de tener un corazón limpio y recto delante de Él, ni perdonar a una persona, ni caminar en obediencia a Él, ni tomar control de tu mente, ni resistir al enemigo, ni hacer de Jesús el Señor de tu vida a menos que estés en su Palabra cada día. Es tu brújula. Tu guía. No puedes llegar a donde debes ir sin ella.

~ *Mi oración a Dios* ~

Señor, gracias por tu Palabra. «Tu palabra es una lámpara a mis pies; es una luz en mi sendero» (Salmo 119:105, NVI). Es alimento para mi alma y no puedo vivir sin ella. Permíteme conocer en verdad su significado más profundo. Dame un entendimiento mayor al que jamás he tenido, y revélame los tesoros secretos escondidos allí. Oro para tener un corazón abierto y moldeable a lo que tú quieras que sepa. Deseo tu instrucción. Enséñame para que pueda aprender.

Ayúdame a ser diligente en poner tu Palabra en mi alma con fidelidad cada día. Muéstrame dónde estoy perdiendo tiempo que podría emplear mejor leyendo tu Palabra. Dame la habilidad de memorizar. Grábala en mi mente y en mi corazón. Haz que se vuelva parte de mí. Cámbiame al ir leyéndola.

Señor, no quiero ser solo una oidora de tu Palabra. Muéstrame cómo ser también una hacedora de tu Palabra. Permíteme responder de la forma que debería y ayúdame a obedecerte. Muéstrame dónde no estoy haciendo lo que dice. Ayúdame a aplicar mi corazón a la enseñanza y mis oídos a tus palabras de sabiduría (Proverbios 23:12). Que tu Palabra corrija mi actitud y me recuerde cuál es mi propósito en la tierra. Permite que limpie mi corazón y me dé la esperanza para que sea capaz de levantarme por encima de mis limitaciones. Que aumente mi fe y me recuerde quién eres y cuánto me amas. Que me dé la seguridad de saber que mi vida está en tus manos y que suplirás todas mis necesidades.

Gracias, Señor, porque cuando miro tu Palabra te encuentro a ti. Ayúdame a conocerte mejor a través de ella. Dame oídos para reconocer tu voz que me habla cada vez que la leo (Marcos 4:23). No quiero perder nunca el camino por el cual me guías. Cuando escucho tu voz y te sigo, mi vida es plena. Cuando me aparto del camino que tienes para mí, mi vida está vacía. Guíame, perfeccióname y lléname con tu Palabra este día.

~∽∾ PROMESAS DE DIOS PARA MÍ ∾∽~

La palabra de Dios es viva y eficaz, y más cortante que toda espada de dos filos; y penetra hasta partir el alma y el espíritu, las coyunturas y los tuétanos, y discierne los pensamientos y las intenciones del corazón.

HEBREOS 4:12

El que mira atentamente en la perfecta ley, la de la libertad, y persevera en ella, no siendo oidor olvidadizo, sino hacedor de la obra, este será bienaventurado en lo que hace.

SANTIAGO 1:25

Bienaventurado el varón que no anduvo en consejo de malos, ni estuvo en camino de pecadores, ni en silla de escarnecedores se ha sentado; sino que en la ley de Jehová está su delicia, y en su ley medita de día y de noche. Será como árbol plantado junto a corrientes de aguas, que da su fruto en su tiempo, y su hoja no cae; y todo lo que hace, prosperará.

SALMO 1:1-3

El amor de Dios se manifiesta plenamente en la vida del que obedece su palabra. De este modo sabemos que estamos unidos a él.

1 JUAN 2:5

El que atiende a la palabra, prospera. ¡Dichoso el que confía en el Señor!

PROVERBIOS 16:20, NVI

ᔧᐧ CAPÍTULO NUEVE ᔧᐧ

Señor, instrúyeme mientras pongo mi vida en su debido orden

Tabita era una discípula de Cristo. ¡Una *mujer* discípula! Esto significa que era una creyente que seguía con fidelidad las enseñanzas de Jesús. También hacía muchas buenas obras y labores caritativas que beneficiaban a otros. Como resultado, la querían mucho.

Un tiempo después que Jesús murió y resucitó, Tabita se enfermó y murió. Varios hombres fueron a buscar a Pedro, uno de los primeros doce discípulos, y lo llevaron a donde estaban preparando el cuerpo de Tabita para el funeral. Cuando Pedro llegó a la casa, fue al cuarto de arriba donde la habían puesto. Le pidió a las mujeres que estaban con ella llorando que lo dejasen solo en la habitación y luego se arrodilló a orar.

Cuando Pedro terminó de orar, se dio vuelta hacia el cuerpo muerto de la mujer y le dijo: «Tabita, levántate». Enseguida ella abrió los ojos y se sentó. Extendiendo su mano hacia ella, la ayudó a levantarse. Cuando todas las personas vieron que resucitó de los muertos, muchos creyeron en el Señor (Hechos 9:36-42).

No se sabe nada más acerca de Tabita, pero por este corto relato de su vida queda claro que era una mujer que tenía sus prioridades en orden. Amaba al Señor, amaba a los demás. Tenía un corazón de sierva. Vivía de una manera que agradaba a

Dios y bendecía a las personas. Toda esa información está con-
tenida en una palabra: «discípula».

Cuando los problemas llegaron a la vida de Tabita y la aba-
tieron hasta el punto de morir, Dios envió a uno de sus fieles
discípulos a fin de que orara por ella y la levantara de nuevo.
¿Habría sucedido esto si ella hubiera sido una creyente nominal,
viviendo en un rincón distante de la vida que Dios quería que
ella viviera? ¿Hubiera pasado esto si no hubiera amado al Señor?
¿Si no hubiera amado a los demás? ¿Si no se hubiera dado a sí
misma? ¿Si no hubiera obedecido? Pienso que no. Su vida estaba
en orden y Dios la bendijo por eso. Y le dio una segunda oportunidad. Eso es lo que Él quiere hacer con nosotras si lo ponemos en primer lugar.

LA PRIORIDAD NÚMERO UNO

No podemos vivir con éxito sin las debidas prioridades en nuestras vidas. Sin embargo, algunas de nosotras tratamos de hacer
eso cada día. El orden de prioridades no es algo que calculemos
nosotras mismas. Debemos permitir que el Espíritu Santo nos
guíe y tener un claro conocimiento de la Palabra de Dios de
modo que comprendamos cuáles deberían ser.

Nuestras dos prioridades más importantes vienen directamente de la Palabra de Dios. Jesús nos habló acerca de ellas al
decir: «Amarás al Señor tu Dios con todo tu corazón, y con toda
tu alma, y con toda tu mente. Este es el primero y grande mandamiento. Y el segundo es semejante: Amarás a tu prójimo como a
ti mismo» (Mateo 22:37-39). No puede ser más claro. Si mantienes estas dos prioridades principales, amar a Dios y a los demás,
ellas te guiarán a establecer todas las demás prioridades en tu vida.

Tu relación con el Señor debe ser la prioridad número uno
sobre todas las otras. El Señor dijo: «No tendrás dioses ajenos
delante de mí» (Éxodo 20:3), y lo dijo en serio. Dios quiere tu

total atención. Cuando lo buscas primero a Él cada día y le pides
ayuda para poner tu vida en orden, Él lo hará. Sé por experiencia, y estoy segura de que tú también, que cuando no buscas al
Señor primero, tu vida está fuera de control. Como resultado,
nuestra vida comienza a gobernarnos a *nosotras* en lugar de tener
nosotras el control de *ella*.

Dios es un Dios de orden. Lo comprobamos al mirar el universo. Nada en él es por azar ni por accidente. Tampoco quiere
que nuestras vidas lo sean. Su deseo es: «Hágase todo decente-
mente y con orden» (1 Corintios 14:40). Y cuando oramos por
esto, nos ayudará a hacerlo. Nos mostrará cómo alinearnos bajo
la autoridad adecuada de modo que logremos estar bajo la
cobertura de su protección. Esto es crucial para movernos hacia
todo lo que Dios tiene para nosotras.

EL PROBLEMA DE LA SUMISIÓN

Sumisión es algo que tú *decides* hacer, no algo que alguien te
obligue a hacer. El significado de la palabra «someter» es «someterse uno mismo»: es una condición del corazón. Tener un corazón sumiso significa que *estás dispuesta* a someterte y a estar en la
debida alineación en concordancia con la voluntad de Dios.

Nuestra primera prioridad en la sumisión debe ser someternos a Dios (Santiago 4:7). Esto significa que no tienes que
someterte a los deseos de alguien que te pida hacer algo en contra de los mandamientos de Dios. Puedes tener un corazón
sumiso y todavía poder trazar la línea cuando lo que te piden
viola tu conciencia y las leyes de Dios.

Por ejemplo, si una persona que es una autoridad designada
en tu vida te pide que hagas algo malo, o si la persona hace o
dice algo que es impropio o viola lo que es recto ante los ojos de
Dios, debes declinar ser parte de eso y declarar que está mal.
Aun así, no tienes que gritarle a la persona diciendo: «¡Eres un

idiota! ¡Eres un tonto! ¿Qué te pasa? ¡Aléjate de mí, Satanás!».
En lugar de eso, dales una respetuosa explicación: «Con todo
respeto, creo que lo que me pide que haga es una violación a las
leyes de Dios y no puedo hacerlo con una conciencia limpia
sabiendo que traerá el juicio de Dios sobre ambos». O: «Lo que
acaba de hacer y decirme es ofensivo ante los ojos de Dios, y
debo decirle que tal conducta inapropiada no nos será de beneficio ni a usted ni a mí».

La diferencia entre tener un corazón sumiso y uno que no lo
es radica en que uno traerá bendición y el otro nos meterá en
problemas.

Jesús mismo estaba sometido a Dios. Sus prioridades estaban definitivamente en orden. Dios quiere que haya en nosotras
«este sentir que hubo también en Cristo Jesús, el cual, siendo en
forma de Dios, no estimó el ser igual a Dios como cosa a que
aferrarse, sino que se despojó a sí mismo, tomando forma de
siervo, hecho semejante a los hombres; y estando en la condición de hombre, se humilló a sí mismo, haciéndose obediente
hasta la muerte, y muerte de cruz» (Filipenses 2:5-8). ¡Eso es
sumisión! Uno pensaría que si alguien no debiera estar en perfecta sumisión, ese sería Jesús. Sin embargo, para lograr el propósito de Dios en su vida, se sometió a la voluntad de su Padre
hasta el punto del incalculable dolor y la muerte. ¡Qué modelo
es Él para todos nosotros!

CUANDO SE VIOLA LA CONFIANZA

Muchas mujeres tienen problemas con la sumisión porque vio-
laron su confianza o las hirieron en el pasado cuando se sometie-
ron a alguien. Nadie quiere ser un felpudo ni el objeto de abuso
de otra persona. Dios tampoco quiere eso. Tampoco te está
pidiendo que seas un robot sin cerebro. Es por eso que debes
orar por sabiduría respecto a este problema. Es un asunto muy
sensible y debes discernir lo que te dice el Señor.

Para aquellas de ustedes que tengan alguna experiencia terrible en el pasado, quiero darles ánimo. Dios no les está pidiendo que sean tontas, que sacrifiquen su salud mental por un principio, ni que sufran a manos de un abusador. Él les dará sabiduría cuando se la pidan. Si descubres que estás junto a alguien que viola la Palabra de Dios y su santa ley, sin mencionar tu propia conciencia, eso no es sumisión. Eso es una tontería. No te lo permitas.

Sé de una mujer que se sometió a un marido abusador y él terminó matándola. Ella no lo discernió de manera espiritual porque no puso a Dios en primer lugar ni lo buscó para saber qué hacer. Se mantuvo en esa relación violenta hasta que se tornó en desastre, en lugar de hacer lo que era necesario para buscar ayuda. Eso *no* es sumisión, es tontería.

Conozco a otra mujer que se negó a someterse en forma alguna a su marido, y terminó perdiendo a toda su familia y a su hogar. Debido a que un líder de la iglesia la violó sexualmente cuando era adolescente, no consideraba a ningún hombre digno de confianza como para someterse a él. Tiene que haber un balance. Y ese balance solo se logra al someternos *primero* a Dios. Pídele a Dios que te ayude a discernir con exactitud a quién debes someterte y de qué forma. Simplemente no te sometas a ciegas ni con ignorancia. Sé consciente de lo que estás haciendo. Cuando tu corazón desea hacer lo que es bueno, Dios te ayudará a encontrar el balance perfecto.

TODO ENCAJA EN SU LUGAR

La Biblia dice que debemos someternos a figuras de autoridad designadas por Dios en nuestra iglesia, en nuestra familia, en nuestro trabajo y en nuestro gobierno. Para estar en el orden debido y para que nuestra vida marche bien, debemos estar establecidas en una iglesia. Eso nos da una base de operaciones. Sin ella, no podemos llegar tan lejos como Dios quiere que lleguemos.

Cada iglesia tiene una distinción especial y un propósito, y no serás feliz hasta que encuentres la que Dios tiene para ti. Esto no significa que debes ir cada fin de semana a una iglesia diferente hasta que encuentres una que sea perfecta para ti y que te haga ciento por ciento feliz. Esas no existen. Las iglesias están formadas, después de todo, por personas imperfectas como nosotras. Lo que significa es que necesitas pedirle a Dios que te muestre cuál es la iglesia para ti.

Cuando estás en la iglesia en la que debes estar, reconocerás la voz del pastor como una autoridad importante en tu vida. Repito, necesitas tener sabiduría y la dirección del Señor. Si las figuras de autoridad de tu iglesia se apartan del camino y hay inmoralidad, corrupción financiera, enseñanza no bíblica, o pecado, no deberías estar sujeta a ese tipo de liderazgo. Pídele a Dios que te guíe fuera de esa alineación impía.

Todos necesitamos un pastor, un líder fuerte o un mentor que nos diga la verdad a nuestra vida. Dios te ayudará a discernir quién es. No me malentiendas, esto no es tener un gurú. La autoridad espiritual en tu vida es un *mensajero* de Dios, no alguien a quien adorar en lugar de Dios. Este tampoco es un asunto de géneros. La Biblia dice: «No hay varón ni mujer; porque todos vosotros sois uno en Cristo Jesús» (Gálatas 3:28). Es acerca de tener alguien en tu vida que te diga la verdad en amor y te cubra en oración.

Más allá de tu sumisión y tu sumisión a otras autoridades designadas en tu vida, debes estar en buena relación con otras personas. «Someteos unos a otros en el temor de Dios » (Efesios 5:21). La sumisión a otros requiere un corazón que ama a los demás como a sí mismo. Esa es la clave. Cuando amas a Dios primero y luego a los demás, todas las demás prioridades encajarán en su lugar y tu vida estará en su debido orden. Cuando le pidas a Dios que te muestre con claridad cuáles deben ser tus prioridades, Él lo hará.

~ Mi oración a Dios ~

Señor, te pido que me ayudes a poner mi vida en el orden adecuado. Quiero ponerte siempre a ti en el primer lugar, por encima de todo en mi vida. Enséñame cómo amarte con todo mi corazón, mi mente y mi alma. Muéstrame cuando no lo esté haciendo. No quiero tener otros dioses, sino a ti en mi vida. Muéstrame si he levantado mi alma hacia un ídolo. Mi deseo es servirte a ti y solo a ti. Ayúdame a vivir de acuerdo a esto.

Dame un corazón sumiso. Ayúdame a estar siempre sometida a las autoridades que gobiernan y a las debidas personas en mi familia, trabajo e iglesia. Muéstrame quiénes son las autoridades espirituales en mi vida. Llévame a la iglesia donde tú quieres que esté. Ayúdame a moverme en la debida alineación en cada esfera de mi vida sometiéndome voluntariamente a los demás donde necesite hacerlo. Muéstrame con claridad a qué debo someterme y cómo debo hacerlo. Dame discernimiento y visión en cuanto a esto. Muéstrame cada vez que no me esté sometiendo a las personas adecuadas en el momento oportuno.

Sé que si mi vida no está en un buen orden, no recibiré las bendiciones que tienes para mí. Aunque también sé que si te busco primero, todo lo que necesito me será añadido (Mateo 6:33). Te busco primero este día y te pido que me permitas poner mi vida en el orden debido. Que nunca salga fuera de la cobertura espiritual que has puesto sobre mi vida.

~∞~ *PROMESAS DE DIOS PARA MÍ* ~∞~

Mas buscad primeramente el reino de Dios y su justicia, y todas estas cosas os serán añadidas.

MATEO 6:33

El que halla su vida, la perderá; y el que pierde su vida por causa de mí, la hallará.

MATEO 10:39

Revístanse todos de humildad en su trato mutuo, porque «Dios se opone a los orgullosos, pero da gracia a los humildes».

1 PEDRO 5:5, NVI

Y este mandamiento tenemos de Él: que el que ama a Dios, ame también a su hermano.

1 JUAN 4:21, LBLA

Obedezcan a sus dirigentes y sométanse a ellos, pues cuidan de ustedes como quienes tienen que rendir cuentas. Obedézcanlos a fin de que ellos cumplan su tarea con alegría y sin quejarse, pues el quejarse no les trae ningún provecho.

HEBREOS 13:17, NVI

CAPÍTULO DIEZ

Señor, prepárame para ser una verdadera adoradora

uando solía trabajar de cantante, bailarina y actriz en el tiempo en que las comedias musicales estaban en su mejor momento, tenía que cantar una canción una y otra vez a lo largo de todo el día mientras practicaba con la coreografía. Luego tenía que cantarla un montón de veces durante la noche mientras la grabábamos para el espectáculo del día siguiente. Teníamos que grabar porque no podían ponerme micrófono cuando cantaba y bailaba durante el show. En esa época no existían los micrófonos portátiles con auriculares de ahora. Tenía la costumbre de regresar a casa por la noche después de la última sesión de grabación de ese día y casi no podía dormir porque la música y la letra de las canciones con las que habíamos estado trabajando seguían sonando sin cesar en mi cabeza. No me las podía quitar de la cabeza.

Eso es exactamente lo que pasa en nosotras cuando escuchamos y cantamos canciones de alabanza y adoración una y otra vez. Continúan sonando en nuestra mente, alma, espíritu aun cuando no estamos adorando a Dios. Aun cuando estamos durmiendo.

Aprendí este principio años atrás cuando me convertí. En esa época, cuando sufría de depresión severa, hubo incontables veces en las que me levanté a medianoche y canté o dije alabanzas al

Señor para poder salir de ella. Había ido a varios doctores por esta razón, pero la medicina que me daban parecía solo cubrir el problema. Seguía estando allí cuando pasaba el efecto del medicamento. No estoy diciendo que las personas no deben tomar medicina si tienen depresión, me refiero a que a *mí* no me resolvió el problema. Sufría de depresión desde que era una niña pequeña y mi mamá me encerraba en un armario. La desesperación, la inutilidad y la amargura que sentía conmigo misma y mi vida me hacía difícil atravesar cada día. Necesitaba una infusión del gozo del Señor y eso fue lo que hizo por mí la alabanza.

Cuando alababa y adoraba al Señor, era como si me conectara a una fuente espiritual. Mientras tuviera mi corazón y mis ojos elevados hacia Dios en adoración y alabanza, el gozo del Señor se derramaba en mi cuerpo, mente, alma y espíritu y sacaba fuera la oscuridad y la depresión. Siempre daba resultados.

Comencé a comprar casetes y luego discos compactos de adoración y alabanza. Los escuchaba mientras manejaba, en el baño mientras me secaba el cabello, en la cocina mientras cocinaba, a través de la casa mientras hacía las tareas de limpieza, o en mi escritorio cuando escribía cartas o repasaba el correo. Algunas veces me unía en el canto, pero otras dejaba que la música sonara a través de mi mente y mi espíritu. Estaba sorprendida de ver que la confusión, la opresión, el miedo o la ansiedad no tenían cabida en el corazón de un hijo de Dios que adora. Al final, me liberé por completo de la depresión.

Nada de lo que hacemos es tan poderoso ni cambia tanto la vida como la alabanza. Es uno de los medios a través de los cuales Dios nos trasforma. Cada vez que lo alabamos y adoramos, su presencia viene a vivir con nosotros y cambia nuestros corazones y permite que el Espíritu Santo nos dulcifique y modele en lo que Él quiere que seamos.

Como la alabanza y la adoración no es algo que nuestra carne *quiera* hacer con naturalidad, debemos *poner* de nuestra parte para hacerlo. Y debido a que no es la primera cosa que nos viene a la mente hacer, debemos decidir hacerlo sin importar la circunstancia. Debemos decir: «*Voy* a alabar al Señor». Por supuesto, cuanto más conocemos al Señor, más fácil se vuelve la alabanza. Cuando llegamos al punto en que no podemos dejar de alabarlo, es cuando estamos en donde se supone que estemos. Si te encuentras siempre con falta de motivación para esto, trata de leer las siguientes veinte razones para adorar a Dios que menciona el Salmo 103. A mí siempre me da resultados.

Veinte buenas razones para adorar a Dios

1. *Él perdona todas mis iniquidades.*
2. *Él sana todas mis dolencias.*
3. *Él rescata mi vida del hoyo.*
4. *Él me corona de favores.*
5. *Él sacia de bien mi boca.*
6. *Él hace justicia y derecho a los que padecen violencia.*
7. *Él notifica sus caminos.*
8. *Él es misericordioso.*
9. *Él es clemente.*
10. *Él es lento para la ira.*
11. *Él no contenderá con nosotros para siempre.*
12. *Él no guarda para siempre el enojo.*
13. *Él no nos ha pagado conforme a nuestros pecados.*
14. *Él engrandeció su misericordia sobre los que le temen.*
15. *Él hizo alejar de nosotras nuestras rebeliones.*
16. *Él se compadece de nosotras.*
17. *Él se acuerda de que somos polvo.*
18. *Su misericordia es desde la eternidad.*
19. *Él bendice a nuestros hijos y nietos que le obedecen.*
20. *Él domina sobre todo y su reino está establecido.*

ADORACIÓN A SU MANERA

Podemos decir que conocemos y amamos a Dios, pero si no lo adoramos y alabamos cada día, estamos entenebrecidas en cuanto a quién es Él. «Pues habiendo conocido a Dios, no le glorificaron como a Dios, ni le dieron gracias, sino que se envanecieron en sus razonamientos, y su necio corazón fue entenebrecido» (Romanos 1:21). Vamos a cortar muchas cosas en nuestra vida si no le damos la gloria debida a su nombre. No queremos estar vagando en la oscuridad anidando pensamientos de futilidad en nuestra mente, todo porque no somos *verdaderas* adoradoras de nuestro asombroso Dios.

CINCO FORMAS DE ADORAR AL SEÑOR

Dios quiere que nos demos por entero a su adoración y quiere que lo hagamos a *su* manera.

1. *Dios quiere que cantemos nuestras alabanzas a él.* «¡Aleluya! ¡Alabado sea el Señor! ¡Cuán bueno es cantar salmos a nuestro Dios, cuán agradable y justo es alabarlo!» (Salmo 147:1, NVI). «Servid al SEÑOR con alegría; venid ante Él con cánticos de júbilo» (Salmo 100:2, LBLA).

2. *Dios quiere que levantemos nuestras manos a Él.* «Eleven sus manos hacia el santuario y bendigan al SEÑOR» (Salmo 134:2, NVI).

3. *Dios quiere que le digamos nuestras alabanzas a Él.* «Por tanto, ofrezcamos continuamente mediante Él, sacrificio de alabanza a Dios, es decir, el fruto de labios que confiesan su nombre» (Hebreos 13:15, LBLA).

4. *Dios quiere que le alabemos con danzas e instrumentos.* «Alaben su nombre con danza; cántenle alabanza con pandero y lira» (Salmo 149:3, LBLA).

5. *Dios quiere que le alabemos junto con otros creyentes.* «Proclamaré tu nombre a mis hermanos; en medio de la congregación te alabaré» (Hebreos 2:12, NVI).

Alabar y adorar a Dios junto con otros creyentes es una de las cosas más poderosas e importantes que podemos hacer en la vida. La adoración corporativa rompe las ataduras. Y abre camino para cambios maravillosos en nosotros que quizá no sucedan de otra manera. Una fuerza poderosa se presenta en el campo espiritual cuando adoramos juntos que no sucede de otra manera.

No importa cuál sea ni haya sido la historia de tu iglesia, pídele a Dios que te haga la verdadera adoradora que Él quiere que seas. Entrégate toda a esto. Mientras tengas aliento, puedes: «Estad siempre gozosos. Orad sin cesar. Dad gracias en todo, porque esta es la voluntad de Dios para con vosotros en Cristo Jesús» (1 Tesalonicenses 5:16-18). Las canciones de alabanza que cantas una y otra vez en tu corazón durante el día llenarán tu alma durante la noche.

~ *Mi oración a Dios* ~

Señor, no hay fuente de mayor gozo para mí que adorarte a ti. Vengo ante tu presencia con acción de gracias y me inclino ante ti en este día. Exalto tu nombre porque eres grande y digno de alabanza.

Gracias porque «tú diste alegría a mi corazón» (Salmo 4:7). Todo honor y majestad, fuerza y gloria, santidad y rectitud son tuyas, oh Señor.

Gracias que tú eres «clemente y compasivo, lento para la ira y grande en amor» (Salmo 145:8, NVI). Gracias porque tienes «mucho poder» y tu «entendimiento es infinito» (Salmo 147:5). Gracias porque exaltas a los humildes y humillas a los impíos (Salmo 147:6). Gracias porque eres el que hace justicia al oprimido, das comida al hambriento y libertad a los prisioneros. Gracias porque abres los ojos a los ciegos y levantas a los caídos (Salmo 146:7-8).

Gracias, Señor, porque los planes para mi vida son buenos y tienes un futuro para mí que está lleno de esperanza. Gracias porque estás siempre restaurando mi vida con mayor plenitud. Te alabo y te agradezco porque eres mi Sanador, mi Libertador, mi Proveedor, mi Redentor, mi Padre y mi Consolador. Gracias por revelarte a mí a través de tu Palabra, a través de tu Hijo, Jesús, y a través de tu poderosa obra en la tierra y en mi vida. Gracias por tu amor, paz, gozo, fidelidad, gracia, misericordia, bondad, verdad y sanidad. Gracias porque puedo depender de ti, porque tú y tu Palabra no fallan. Gracias porque eres el mismo ayer, hoy y mañana.

Señor, perdóname cuando no cumplo con alabarte y adorarte como tú te mereces y deseas. Enséñame a adorarte con todo mi corazón de la forma que tú quieres que lo haga. Hazme una *verdadera* adoradora, Señor. Que alabarte y adorarte a ti sea mi primera reacción en cada circunstancia.

Alabo tu nombre en este día, Señor, porque tú eres bueno y para siempre es tu misericordia (Salmo 136:1). «Porque mejor es tu misericordia que la vida; mis labios te alabarán. Así te bendeciré en mi vida; en tu nombre alzaré mis manos» (Salmo 63:3-4). Declararé tu «gloria entre las naciones» y tus «maravillas entre todos los pueblos» (Salmo 96:3, NVI). Te adoraré en la hermosura de tu santidad y te daré la gloria debida a tu nombre (Salmo 29:2).

∾∾ PROMESAS DE DIOS PARA MÍ ∾∾

Mas la hora viene, y ahora es, cuando los verdaderos adoradores adorarán al Padre en espíritu y en verdad; porque también el Padre tales adoradores busca que le adoren. Dios es Espíritu; y los que le adoran, en espíritu y en verdad es necesario que adoren.

JUAN 4:23-24

¡Sea la gratitud tu ofrenda a Dios; cumple al Altísimo tus promesas! Llámame cuando estés angustiado; yo te libraré, y tú me honrarás.

SALMO 50:14-15, DHH

Alégrense todos los que en ti se refugian; para siempre canten con júbilo, porque tú los proteges; regocíjense en ti los que aman tu nombre. Porque tú, oh SEÑOR, bendices al justo, como con un escudo lo rodeas de tu favor.

SALMO 5:11-12, LBLA

El que ofrece sacrificio de acción de gracias me honra; y al que ordena bien su camino, le mostraré la salvación de Dios.

SALMO 50:23, LBLA

Te alabaré con todo mi corazón; delante de los dioses te cantaré salmos. Me postraré hacia tu santo templo, y alabaré tu nombre por tu misericordia y tu fidelidad; porque has engrandecido tu nombre, y tu palabra sobre todas las cosas. El día que clamé, me respondiste; me fortaleciste con vigor en mi alma.

SALMO 138:1-3

❧ CAPÍTULO ONCE ❧

Señor, bendíceme en el trabajo que realizo

Sé lo que es irse a la cama con hambre. Cuando era chica, éramos tan pobres que muchas veces no teníamos comida en casa ni forma de conseguirla. Esa sensación de hambre era aterradora, y el miedo nunca me dejó, aun después de adulta. Es más, ese miedo hizo que siempre trabajara duro para asegurar que no volviera a ocurrir. Me llevó, cuando era una joven adolescente, a que aceptara cuidar todos los bebés que podía, por cincuenta centavos la hora los fines de semana, en lugar de estar con mis amigos. Fue lo que me hizo trabajar después de la escuela la mayoría de las tardes y hasta la noche, además de todo el día los sábados y domingos, cuando estaba en el preuniversitario y la universidad. Aun después de haber dejado la universidad y de haber entrado en el mundo laboral, mantenía *dos* trabajos, en lugar de uno, por la misma razón. En el fondo de mi mente, siempre estaba el temor a que no hubiera suficiente dinero para la comida, así que muchas veces trabajé más allá de lo que mi cuerpo y mi mente eran capaces de tolerar.

No fue sino hasta que conocí al Señor y comencé a entender cómo Él provee para sus hijos que al fin me liberé de este temor. Fue un alivio muy grande saber que podía confiar en *Dios* para que se hiciera cargo de mí. Ya no tenía que matarme en mi desesperación; podía mirar a Él para cada necesidad.

También me volví más analítica en cuanto a los trabajos que hacía. Ya no tenía que aceptar todos y cada uno de los trabajos que me ofrecían. En lugar de eso, le preguntaba a Dios cuál era el que *Él* quería que hiciera. Descubrí que cuando me dejaba guiar por el Señor en el trabajo que hacía, y consagraba todo mi trabajo a Él y a su gloria, Él lo bendecía. Ya no era un trabajo pesado. Oraba para que Dios me ayudara a hacerlo bien y, como resultado, mi trabajo pronto se volvía productivo, de éxito y satisfactorio.

Todas tienen un trabajo que hacer

No importa si eres una mamá que se queda en casa, una estudiante a tiempo completo o la gerente general de una enorme corporación, una mujer soltera independiente, una mujer casada que administra su casa, una capacitada mujer de carrera, una mujer que cuida bebés, una mujer que limpia casas, una mamá soltera que trabaja o una voluntaria de una misión de rescate de la ciudad, tienes un trabajo que hacer. No importa si tu trabajo es reconocido por el mundo entero o si solo lo ve Dios. No importa si recibes un gran salario por él o no recibes compensación económica alguna. Tu trabajo tiene valor. Y tú deseas que Dios lo bendiga.

Cualquier trabajo que hagamos, queremos hacerlo bien y tener éxito. Cuando nuestro trabajo es bueno, nos sentimos satisfechas. Cuando hacemos algo valioso que mejora la vida de otras personas, nuestra familia, o nosotras mismas, nos da satisfacción. Sin embargo, cuando el trabajo de nuestras manos no es bendecido, nos sentimos abrumadas por la frustración y la insatisfacción. La mujer ideal descrita en la Biblia trabaja duro (Proverbios 31). Compra y vende propiedades (¿una agente de bienes raíces?). Planta una viña (¿una arquitecta de parques y jardines?). Hace ropas (¿una diseñadora?). Y las vende (¿gerente de una tienda?). Es una mujer de fuerza, energía y visión que trabaja duro hasta la noche y sabe que es bueno lo que tiene para ofrecer. Dios quiere que experimentemos esa clase de éxito y satisfacción. Sin embargo, no sucede sin oración.

La oración nos ayuda a encontrar el equilibrio entre ser «dado a la codicia», lo que nos quita vida (Proverbios 1:19), y tener una «mano negligente», lo que nos hace pobres (Proverbios 10:4). La oración nos ayuda a no afanarnos por hacernos ricos (Proverbios 23:4-5) y, aun así, seguir siendo diligentes en nuestro trabajo, lo que al final nos trae recompensa monetaria (Proverbios 10:4). La oración nos ayuda a encontrar el equilibrio entre la pereza y la obsesión, entre ganar todo el mundo y perder nuestra alma (Mateo 16:26).

La Biblia dice que «digno es el obrero de su salario» (1 Timoteo 5:18). Eso significa que mereces recibir el pago o la compensación por tu trabajo. A veces la recompensa es en el acto mismo de hacerlo. Uno no recibe un pago por administrar la casa, servir un plato de sopa en un centro de rescate, ni enseñarle a un niño a atarse los cordones de sus zapatos, pero tu recompensa por ver el resultado de tu trabajo no tiene precio. «La obra del justo es para vida» (Proverbios 10:16).

Si tienes un trabajo con pago, no dudes en orar para que te compensen con justicia y generosidad. Ora para que tu empleador sea bendecido en su negocio de modo que en su momento les pueda pagar bien a todos sus empleados. Ora para que tu trabajo sea apreciado y reconocido por todos. Ora para que recibas ascensos y adelantos de acuerdo a la voluntad de Dios. Di: «Señor, me gustaría tener ese ascenso y el aumento de salario si es tu voluntad para mi vida». Al orar así y consagrar tu trabajo al Señor, Él te bendecirá.

No importa lo que refleje tu sueldo, tu trabajo es importante para Dios, para los demás y para ti. No puedes darte el lujo de no orar por él. Consagra tu trabajo al Señor y pídele que lo bendiga.

~ Mi oración a Dios ~

Señor, te pido que me muestres qué trabajo se supone que debo hacer. Si es otra cosa a la que estoy haciendo ahora, revélamelo. Si es algo que debo hacer además de lo que estoy haciendo, muéstramelo también. Lo que sea que tú me has llamado a hacer, tanto ahora como en el futuro, oro para que me des la fortaleza y la energía para hacerlo bien. Permíteme hacer lo que hago con éxito. Que pueda encontrar realización y satisfacción en cada aspecto del trabajo, aun en lo más difícil y poco placentero. Gracias porque toda labor tiene recompensa de un tipo u otro (Proverbios 14:23). Oro para que la recompensa de mi trabajo sea grande. Que siempre pueda ser recompensada justa y ricamente de tus graneros de abundancia. Bendice a las personas para las que trabajo y con las que trabajo. Que siempre sea de bendición y ayuda a cada una de ellas. Al estar en contacto con otros en mi trabajo, te pido que el amor y la paz fluyan a través de mí y hablen alto de tu bondad. Permíteme influir en ellos para tu reino.

Señor, gracias por las habilidades que me diste. Cuando me falte capacidad, ayúdame a crecer y mejorar a fin de que haga bien mi trabajo. Ayúdame a superarme para que el resultado de lo que haga agrade a los demás. Abre puertas de oportunidades para usar mis habilidades y cierra puertas por las que no deba pasar. Dame sabiduría y dirección respecto a esto.

Consagro mi trabajo a ti, Señor, sabiendo que tú lo afirmarás (Proverbios 16:3). Que siempre pueda amar el trabajo que hago y que pueda hacerlo con amor. De acuerdo a tu Palabra, oro para que no me falte diligencia en el trabajo, sino que me mantenga ferviente en el espíritu, sirviéndote en todo lo que haga (Romanos 12:11). Afirma el trabajo de mis manos para que lo que haga reciba el favor de los demás y sea bendecido por muchos. Que siempre te glorifique a ti.

⤔ *PROMESAS DE DIOS PARA MÍ* ⤕

Bienaventurado todo aquel que teme al SEÑOR, que anda en sus caminos. Cuando comas del trabajo de tus manos, dichoso serás y te irá bien.

SALMO 128:1-2, LBLA

La bendición del Señor es riqueza que no trae dolores consigo.

PROVERBIOS 10:22, DHH

Sea la gracia del Señor nuestro Dios sobre nosotros. Confirma, pues, sobre nosotros la obra de nuestras manos; sí, la obra de nuestras manos confirma.

SALMO 90:17, LBLA

¿Has visto un hombre diestro en su trabajo? Estará delante de los reyes; no estará delante de hombres sin importancia.

PROVERBIOS 22:29, LBLA

Que todo hombre que coma y beba y vea lo bueno en todo su trabajo, eso es don de Dios.

ECLESIASTÉS 3:13, LBLA

CAPÍTULO DOCE

Señor, plántame para que pueda llevar el fruto de tu Espíritu

Mi papá fue un agricultor la mayor parte de su vida. Sabía cómo plantar y hacer crecer cultivos saludables. La cosa más importante que aprendí de él fue cómo cultivar un huerto de vegetales y frutas. No teníamos las herramientas sofisticadas que la gente tiene ahora, solo una pala y un azadón. Ni siquiera teníamos agua corriente ni tuberías dentro de la casa, ni qué hablar de un sistema de riego. Teníamos que esperar que el agua de irrigación atravesara nuestra tierra y canalizarla hacia los cultivos cavando pequeños canales para que el agua pasara por ambos lados del surco de semillas. De esa manera el agua llegaba a las raíces sin arrastrar las semillas recién plantadas ni las plantitas que estaban brotando.

Después de plantar las semillas y regarlas, nutríamos, alimentábamos y cuidábamos la tierra alrededor de las semillas para que pudieran crecer sin ningún estorbo. También tratábamos de proteger las plantitas de elementos tales como granizo, viento y helada. Nos asegurábamos que cuando los frutos o los vegetales se estuvieran ban formando, no se separaran del tallo y que el tallo no se separara de la raíz. Si éramos cuidadosos y diligentes, producíamos una buena cosecha. Y eso siempre ponía orgulloso a mi papá.

Todas nosotras estamos plantando algo en nuestra vida cada día, ya sea que nos demos cuenta o no. Y también cosechamos lo que sea que hayamos plantado en el pasado. La calidad de nuestra vida en este momento es el resultado de lo que plantamos y cosechamos hace un tiempo. Maduramos lo bueno y lo malo por años después que los plantamos. Por eso es tan importante plantar y nutrir las buenas semillas ahora.

Jesús dijo que Él es la vid y nosotros las ramas. Si permanecemos en él llevaremos fruto (Juan 15:5, NVI). «Permanecer» significa quedarse, habitar. En otras palabras, si habitamos en Él y Él habita en nosotros, llevaremos el fruto de su Espíritu (Gálatas 5:22-23, LBLA). Eso es lo que queremos.

Se dice que comenzamos a parecernos a la persona con la que vivimos y con la que estamos asociadas más de cerca. Cuando compartimos nuestra vida con Jesús, su semejanza se estampa en nuestro espíritu y en nuestra alma. Cuando nos unimos a Jesús, el fruto de su Espíritu se manifiesta en nosotras.

Nueve buenas maneras de producir una gran cosecha

1. *Planta semillas de amor.* Pídele a Dios que plante su amor en ti de tal manera que logres experimentarlo a plenitud. Pídele también que su amor fluya a través de ti hacia otros. Jesús dijo: «Si obedecen mis mandamientos, permanecerán en mi amor, así como yo he obedecido los mandamientos de mi Padre y permanezco en su amor» (Juan 15:10, NVI). Pídele a Dios que te ayude a obedecer todas sus leyes de modo que nada te impida que la plenitud de su amor florezca en ti.

2. *Planta semillas de gozo.* El gozo no tiene nada que ver con tus circunstancias. Puedes tener gozo a pesar de las dificultades y los problemas dolorosos porque el gozo viene a través de una íntima y cercana relación con el Señor. No puedes tener gozo si te sientes separada de Dios o no confías en sus promesas para ti. Jesús dijo: «Estas cosas os he hablado, para que mi gozo esté en

vosotros, y vuestro gozo sea cumplido» (Juan 15:11). Cuando vives en el gozo del Señor, tienes la expectativa de que Dios va a hacer grandes cosas en tu vida. Ora para que el gozo del Señor sea plantado *en* ti y se manifieste *a través* de ti, a fin de que el fruto que madures se propague como un reguero de pólvora y pase a todos los campos a tu alrededor.

3. *Planta semillas de paz.* Ora para que la presencia del Señor plantada en tu vida te provea la paz que sobrepasa todo entendimiento. Ora para que esta paz crezca fuerte y prevalezca, sin importar cuáles sean tus circunstancias. «Y la paz de Dios, que sobrepasa todo entendimiento, cuidará sus corazones y sus pensamientos en Cristo Jesús» (Filipenses 4:7, NVI). Solo podemos tener verdadera paz si vivimos en buena relación con Dios. Ora para que Dios te ayude a conocer su paz de una manera tan poderosa que traiga paz a los que te rodean.

4. *Planta semillas de paciencia.* ¿Por qué piensas que es importante para Dios que la paciencia crezca en nosotras? Porque el tiempo de Dios no es nuestro tiempo. Él siempre está haciendo más de lo que nosotras sabemos o vemos, así que debemos confiar en Él sobre cuánto tiempo hará falta para que las cosas pasen. Dios nos perfecciona y nos refina antes de llevarnos a todo lo que tiene para nosotras y eso toma tiempo. «No sean perezosos; más bien, imiten a quienes por su fe y paciencia heredan las promesas» (Hebreos 6:12, NVI). «Mas tenga la paciencia su obra completa, para que seáis perfectos y cabales, sin que os falte cosa alguna» (Santiago 1:4). «Con vuestra paciencia ganaréis vuestras almas» (Lucas 21:19). Otra palabra para paciente es sufrido. Y eso lo dice todo. Cuando sufres por un largo tiempo, quiere decir que soportas más de lo que quisieras. Ora para que la paciencia de Dios se afirme de tal forma en tu alma que nada de lo que tengas que soportar haga que se desarraigue.

5. *Planta semillas de benignidad*. Tú puedes elegir lo que plantas en el jardín. Tomas las semillas que quieres y las plantas en la tierra, y Dios las hace crecer. La benignidad es algo que debes plantar con toda intención. O, para ponerlo en otras palabras, la benignidad es algo que tú decides ponerte, como una prenda de vestir. «Vestíos, pues, como escogidos de Dios, santos y amados, de entrañable misericordia, de benignidad, de humildad, de mansedumbre, de paciencia» (Colosenses 3:12). El más alto acto de benignidad fue cuando Jesús dio su vida por nosotras. Ora para que su tipo de benignidad crezca en ti de manera que tú también puedas entregar tu vida a los demás en actos de benignidad.

6. *Planta semillas de bondad*. Cuando la bondad de Dios se siembra en tu alma, te lleva a producir buenas obras. «El hombre bueno, del buen tesoro del corazón saca buenas cosas; y el hombre malo, del mal tesoro saca malas cosas» (Mateo 12:35). «Así, todo buen árbol da buenos frutos, pero el árbol malo da frutos malos. No puede el buen árbol dar malos frutos, ni el árbol malo dar frutos buenos» (Mateo 7:17-18). Pídele a Dios que te ayude a permanecer en Él a fin de que su bondad crezca en ti. Al crecer en tu corazón, automáticamente las cosas buenas saldrán de tu vida.

7. *Planta semillas de fidelidad*. Cuando somos firmes, inquebrantables, confiables, cumplidoras, leales, dignas de confianza y hacemos lo que es justo sin importar cómo, demostramos fidelidad. «El que es fiel en lo muy poco, también en lo más es fiel; y el que en lo muy poco es injusto, también en lo más es injusto» (Lucas 16:10). Ora para que la fidelidad de Dios crezca sin cesar en ti cada día de tu vida. Ora para que tu fidelidad fortalezca a cada persona en la que influyes e inspire a otros a una mayor fidelidad también.

8. *Planta semillas de mansedumbre*. Cuando somos impetuosas y arrogantes, logramos que las personas se sientan mal con nosotras y con ellas mismas. La mansedumbre es una humildad

serena, tranquila, pacífica, agradable. La Biblia dice: «El siervo del Señor no debe ser contencioso, sino amable para con todos, apto para enseñar, sufrido; que con mansedumbre corrija a los que se oponen» (2 Timoteo 2:24-25). «La sabiduría que desciende del cielo es ante todo pura, y además pacífica, bondadosa, dócil, llena de compasión y de buenos frutos, imparcial y sincera» (Santiago 3:17, NVI). Ser considerada con los sentimientos y necesidades de los demás al demostrar mansedumbre muestra que estás respondiendo al Espíritu de Dios y que lo que se ha plantado en ti ha echado raíces. Ora para que puedas ser mansa y humilde como lo fue Jesús (2 Corintios 10:1).

9. *Planta las semillas del dominio propio.* El dominio propio no es frágil como una planta de fresas; es grande y sólido como un árbol de manzanas. Solo Dios puede plantar algo de tal magnitud en ti y hacer que lleve frutos. No tener dominio propio significa hacer cualquier cosa que te plazca sin importar cuáles sean las consecuencias. Ora para que no estés indefensa ante las fuerzas que luchan en tu alma. «Añadid a vuestra fe virtud; a la virtud, conocimiento; al conocimiento, dominio propio; al dominio propio, paciencia; a la paciencia, piedad» (2 Pedro 1:5-6). Pídele a Dios que plante en ti dominio propio que crezca como un árbol fuerte. Pídele que tengas control sobre tus pasiones, deseos y emociones y que las sometas a su Espíritu. Él te dará la autodisciplina que necesitas.

Si no has estado dando el fruto del Espíritu Santo como quisieras, pídele a Dios que te ayude a plantar buenas semillas y que arranque cualquier hierba que pueda estar creciendo alrededor de tu alma. Alimenta el suelo de tu corazón con el alimento de la Palabra de Dios y pídele al Espíritu Santo que lo riegue cada día. Mientras te mantengas unida fielmente a la vid, te garantizo que producirás una cosecha del fruto espiritual que hará que tu Padre celestial sienta orgullo.

~ Mi oración a Dios ~

Señor, mira mi corazón y pruébame y ve si hay perversidad en mí. Reemplaza todo lo que está mal en mi carácter con la bondad que hay en ti. Planta el fruto de tu Espíritu en mí y haz que florezca. Ayúdame a permanecer en ti, Jesús, a fin de que pueda llevar fruto en mi vida. Te invito, Espíritu Santo, a que me llenes de nuevo hoy con tu *amor* de modo que fluya de mí hacia la vida de los demás.

Tú nos pides en tu Palabra que dejemos «que la paz de Dios gobierne en [nuestros] corazones» (Colosenses 3:15). Oro para que tu *paz* gobierne mi corazón y mi mente a tal grado que las personas lo sientan cuando están cerca de mí. Ayúdame a seguir «lo que contribuye a la paz y a la mutua edificación» (Romanos 14:19).

Dame el *gozo* que tú produces. Hazme *paciente* con los demás para que pueda reflejarles tu carácter. Ayúdame a ser *amable* cada vez que tenga oportunidad de serlo, y que tu *bondad* fluya a través de mí para que haga el bien a todos. Hazme ser una persona *fiel* para que me puedan confiar todas las cosas. Ayúdame a tener «la mansedumbre y la benignidad de Cristo» a fin de que sea capaz de reflejar tu espíritu *manso* (2 Corintios 10:1, LBLA). Permíteme tener *dominio propio* sobre mis pensamientos, palabras y hábitos. Donde tengas que podarme para que pueda llevar más fruto, me someto a ti. Sé que sin ti no puedo hacer nada. Tú eres la vid y yo soy la rama. Debo permanecer en ti para poder llevar fruto. Ayúdame a hacerlo. Gracias por la promesa de que si permanezco en ti y tu Palabra permanece en mí, puedo pedir todo lo que deseo y me será hecho (Juan 15:7). Gracias por tu promesa que dice que si pido, recibiré (Juan 16:24). Que pueda ser como un árbol plantado junto a corrientes de aguas, que da su fruto a su tiempo y su hoja no cae (Salmo 1:3). En el nombre de Jesús, le digo al fruto del Espíritu que crezca en mí y que sea visiblemente reconocido por todos los que me ven de modo que te glorifique a ti.

⤞ PROMESAS DE DIOS PARA MÍ ⤝

Mas el fruto del Espíritu es amor, gozo, paz, paciencia, benignidad, bondad, fidelidad, mansedumbre, dominio propio; contra tales cosas no hay ley.

GÁLATAS 5:22-23, LBLA

Yo soy la vid verdadera, y mi Padre es el labrador. Toda rama que en mí no da fruto, la corta; pero toda rama que da fruto la poda para que dé más fruto todavía. Ustedes ya están limpios por la palabra que les he comunicado. Permanezcan en mí, y yo permaneceré en ustedes. Así como ninguna rama puede dar fruto por sí misma, sino que tiene que permanecer en la vid, así tampoco ustedes pueden dar fruto si no permanecen en mí.

Yo soy la vid y ustedes son las ramas. El que permanece en mí, como yo en él, dará mucho fruto; separados de mí no pueden ustedes hacer nada. El que no permanece en mí es desechado y se seca, como las ramas que se recogen, se arrojan al fuego y se queman. Si permanecen en mí y mis palabras permanecen en ustedes, lo que quieran pedir se les concederá. Mi Padre es glorificado cuando ustedes dan mucho fruto y muestran así que son mis discípulos.

JUAN 15:1-8, NVI

✨ CAPÍTULO TRECE ✨

Señor, presérvame en pureza y santidad

No dejes que el título de este capítulo te intimide. Ser santa no es ser perfecta. Es dejar que *Él* que es santo esté *en* ti. No podemos ser santas por nosotras mismas, pero podemos tomar decisiones que permitan que la pureza y la santidad se manifiesten en nosotras. Podemos separarnos de lo que diluye la santidad de Dios en nosotras y morir a nuestra lujuria. Y somos capaces de hacer esto porque «los que son de Cristo han crucificado la carne con sus pasiones y deseos» (Gálatas 5:24). No somos esclavas de nuestra carne. Somos capaces de tener vidas puras consagradas al Señor.

Quizá escuches a la gente decir: «No puedo decirte con exactitud lo que es la pornografía, pero la reconozco cuando la veo». Bueno, lo opuesto es verdad en cuanto a la pureza y la santidad. Tal vez no seas capaz de describir en detalles qué es la santidad, pero reconoces cuando *no* la ves. Aquí hay siete descripciones de lo que es santidad y cómo saber cuando no las observas en ti misma.

SIETE BUENAS MANERAS DE VIVIR EN SANTIDAD

1. *Santidad significa separarte del mundo.* Esto no quiere decir que te dirijas a las montañas, te aísles y no vuelvas a hablar jamás con alguien no creyente. Significa que tu corazón se

127

desprende del sistema de valores del mundo. Tú, en lugar de eso, valoras las cosas que Dios valora por encima de todo lo demás. Las consecuencias de no hacerlo son serias. «¿No saben que la amistad con el mundo es enemistad con Dios? Si alguien quiere ser amigo del mundo se vuelve enemigo de Dios» (Santiago 4:4, NVI). ¿Quién quiere ser enemigo de Dios?

Sé que es difícil apartarse del mundo cuando vives en él. No obstante, si ese es el deseo de tu corazón, puedes pedirle a Dios que te ayude a hacerlo. Por supuesto, tienes que tomar decisiones respecto a apagar ciertos programas de televisión, no ir a ver ciertas películas, no leer ciertas revistas y no frecuentar ciertos lugares. «No amen al mundo, ni lo que hay en el mundo. Si alguno ama al mundo, no ama al Padre; porque nada de lo que el mundo ofrece viene del Padre, sino del mundo mismo» (1 Juan 2:15-16, DHH). Pídele a Dios ayuda para separarte de las cosas de este mundo, y aprende a amarlo a *Él* más de lo que amas al *mundo*.

2. *Santidad significa purificarte a ti misma*. Purificarte a ti misma no significa ponerte una túnica blanca por encima de todo lo que no es puro en ti. Es pedirle a Dios, quien es puro, que purifique tu corazón. La falta de santidad aparece allí primero. Purificarnos a nosotras mismas es hacer un inventario de nuestras vidas, pensamientos, acciones, asociaciones y tratos comerciales y limpiarnos de cualquier cosa que nos contamine. Es algo que hacemos de manera *activa*. Es decidir ser moral y éticamente puras. «Todo el que tiene esta esperanza en Cristo, se purifica a sí mismo, así como él es puro» (1 Juan 3:3, NVI).

Cuando Dios dice «Sean santos» (Levítico 19:2, NVI), las órdenes que da después tienen que ver con no robar, no mentir, no cometer fraude, no difamar de las personas, no tratar de vengarte y no caer en la idolatría. Esto significa que debemos dar pasos específicos a fin de que procuremos no vivir un estilo de vida impuro. A propósito, debemos alejarnos de cualquier cosa que glorifique la inmoralidad u otras cosas impías. «Como aquel que os llamó es santo, sed también vosotros santos en toda vuestra manera de vivir; porque escrito está: Sed santos, porque yo soy santo» (1 Pedro 1:15-16). Ora para que puedas buscar y escudriñar tus caminos, y te vuelvas al Señor (Lamentaciones 3:40).

3. *Santidad significa vivir en el Espíritu y no en la carne.* Nuestros pensamientos carnales nos descalificarán tanto como nuestras acciones. ¿Estamos celosas de alguien? ¿Tenemos conflictos? ¿Hay divisiones no resueltas en nuestra vida? ¿Le damos voluntariamente un lugar al pecado? Si la respuesta es sí, estamos viviendo en la carne. Y nos destruirá. «Los que son de la carne piensan en las cosas de la carne; pero los que son del Espíritu, en las cosas del Espíritu. Porque el ocuparse de la carne es muerte, pero el ocuparse del Espíritu es vida y paz. Por cuanto los designios de la carne son enemistad contra Dios; porque no se sujetan a la ley de Dios, ni tampoco pueden; y los que viven según la carne no pueden agradar a Dios» (Romanos 8:5-8).

Cuando miras con sinceridad el fruto de tu vida, puedes ver por lo que cosechas si has sembrado para la carne o para el Espíritu. «No se engañen: de Dios nadie se burla. Cada uno cosecha lo que siembra. El que siembra para agradar a su naturaleza pecaminosa, de esa misma naturaleza cosechará destrucción; el que siembra para agradar al Espíritu, del Espíritu cosechará vida eterna» (Gálatas 6:7-8). Ora para que el Señor te ayude a vivir en el Espíritu y no en la carne.

4. *Santidad significa estar limpia de inmoralidad sexual.* La mayor mentira que nuestra sociedad está aceptando ciegamente es que el pecado sexual no es malo. Debe entristecer al Espíritu ver cómo hay mujeres que subestiman todo lo que Dios tiene para ellas porque compraron esta mentira. Por ejemplo, una generación que se engaña a sí misma cree que la práctica sexual

oral con alguien que no es su cónyuge no es en verdad relación sexual, así que pueden satisfacer su carne sin cosechar ninguna consecuencia. «Hay generación limpia en su propia opinión, si bien no se ha limpiado de su inmundicia» (Proverbios 30:12). Mientras tal vez estén a salvo de concebir un bebé, concebirán muerte en sus almas y luego se preguntarán después de casados por qué muere la pasión en sus matrimonios. Santidad significa no caer presa de modas ni tendencias de pensamientos o acciones. «La voluntad de Dios es que sean santificados; que se aparten de la inmoralidad sexual; que cada uno aprenda a controlar su propio cuerpo de una manera santa y honrosa, sin dejarse llevar por los malos deseos como hacen los paganos, que no conocen a Dios» (1 Tesalonicenses 4:3-5, NVI). Pídele a Dios que te mantenga sexualmente pura en tu mente, alma y cuerpo.

5. *Santidad significa ser santificada por Jesús.* Una vez que recibimos a Jesús, no podemos continuar viviendo nuestro viejo estilo de vida pecaminoso. Ahora que lo tenemos a Él viviendo en nosotras y al Espíritu Santo llenándonos y transformándonos, no tenemos excusa. «Somos santificados mediante la ofrenda del cuerpo de Jesucristo hecha una vez para siempre» (Hebreos 10:10). «Porque con un solo sacrificio ha hecho perfectos para siempre a los que está santificando» (Hebreos 10:14, NVI). Esto no significa que no tenemos que preocuparnos nunca más por el pecado y que podemos hacer lo que queramos porque Él se encargó de eso. Significa que debemos *continuar* viviendo con Él y pedirle a Dios que nos ayude a vivir en todo lo que Jesús compró en la cruz para nosotras.

6. *Santidad significa caminar cerca de Dios.* Cuando no procuramos caminar cerca de Dios ni un estilo de vida de pureza y paz, nos es imposible ver al Señor con claridad. «Seguid la paz con todos, y la santidad, sin la cual nadie verá al Señor» (Hebreos 12:14). La única manera que podemos estar cerca de

Él es apreciando su santidad y viviendo en pureza. «¿Quién subirá al monte de Jehová? ¿Y quién estará en su lugar santo? El limpio de manos y puro de corazón; el que no ha elevado su alma a cosas vanas, ni jurado con engaño» (Salmo 24:3-4). «En los que a mí se acercan me santificaré, y en presencia de todo el pueblo seré glorificado» (Levítico 10:3). No hay nada más importante que estar cerca de Dios.

Llega un momento en la vida de todas nosotras que necesitamos con *desesperación* saber que Dios está cerca y que oye nuestras oraciones y las va a contestar. No tenemos tiempo de ponernos en *bien* con el Señor; tendremos que *estar* en bien con Dios. «Sabed, pues, que el SEÑOR ha apartado al piadoso para sí; el SEÑOR oye cuando a Él clamo» (Salmo 4:3, LBLA). Ahora es el tiempo de comenzar a vivir recta, pura y santamente si queremos ver nuestras oraciones contestadas en el futuro.

7. *Santidad significa dejar que Dios te guarde.* La santidad no es algo que uno se pone y se quita como un camisón de dormir. La santidad es la voluntad de Dios para nuestra vida, y algo que Dios planeó para nosotras desde el principio. «Dios nos escogió en él antes de la creación del mundo, para que seamos santos y sin mancha delante de él. En amor nos predestinó para ser adoptados como hijos suyos por medio de Jesucristo, según el buen propósito de su voluntad» (Efesios 1:4-5). Dios estableció un camino para que nosotras vivamos en santidad. Y Él es capaz de *guardarnos* santas. Cuando nuestro corazón desea vivir en pureza, y hacer bien las cosas, Dios nos guardará de caer en el pecado.

Cuando Abraham le dijo al rey Abimelec que Sara era su hermana en lugar de decirle que era su mujer, Abimelec la tomó y la llevó a su propia casa. Sin embargo, en un sueño Dios le dijo que pronto sería hombre muerto porque había tomado la mujer de otro hombre. Abimelec dijo: «En la integridad de mi corazón y con manos inocentes yo he hecho esto» (Génesis 20:5, LBLA).

Dios le respondió a Abimelec: «Sí, yo sé que en la integridad de tu corazón has hecho esto; y además, yo te guardé de pecar contra mí; por eso no te dejé que la tocaras» (Génesis 20:6, LBLA).

Cuando vivimos rectamente, Dios nos *guardará* del pecado.

Solo por la gracia de Dios podemos vivir en santidad, aun después de que optemos vivir así. Eso se debe a que Él nos permite hacer lo que nos pide que hagamos. A pesar de eso, todavía debemos *pedirle* que lo haga. Dios quiere saber que su santidad es lo bastante importante para nosotras como para que la busquemos. Las personas se sienten atraídas a la santidad porque es atractiva, aunque quizá se resistan a ella en sus propias vidas. Pídele a Dios que realce tu belleza con la belleza de su santidad.

~ *Mi oración a Dios* ~

Señor, tú has dicho en tu Palabra que no nos has llamado a vivir en la impureza, sino en la santidad (1 Tesalonicenses 4:7). Me escogiste para que sea pura y sin mancha delante de ti. Sé que he sido lavada y santificada por la sangre de Cristo (1 Corintios 6:11). Me has vestido de justicia y me permites vestirme del nuevo hombre «en la justicia y santidad de la verdad» (Efesios 4:24). Continúa purificándome con el poder de tu Espíritu. Ayúdame a seguir lo bueno (Romanos 12:9) y a mantenerme pura (1 Timoteo 5:22).

Señor, ayúdame a separarme de lo que no sea santo. No quiero perder mi vida en cosas que no tienen valor. Dame discernimiento para reconocer lo que no tiene valor y apártame de allí. Ayúdame a no entregarme a cosas impuras, sino más bien a las cosas que cumplen tus planes para mi vida. Permíteme hacer lo que sea necesario para desarraigar de mi vida lo que no es lo mejor que tienes para mí, de modo que viva como quieres que lo haga. Muéstrame cómo derribar los ídolos en mi vida y eliminar cualquier fuente de pensamientos impuros, como la televisión, películas, libros, vídeos y revistas que no te glorifican. Ayúdame a examinar mis caminos para que pueda regresar a tus caminos en cualquier lugar en que me haya desviado. Permíteme dar cualquier paso que sea necesario a fin de ser pura delante de ti.

Señor, quiero ser santa como tú eres santo. Hazme partícipe de tu santidad (Hebreos 12:10), y que mi espíritu, alma y cuerpo sean irreprensibles (1 Tesalonicenses 5:23). Sé que me has llamado a ser pura y santa y que has dicho: «Fiel es el que os llama, el cual también lo hará» (1 Tesalonicenses 5:24). Gracias porque me mantendrás pura y santa con el propósito de que esté preparada por completo para todo lo que tienes para mí.

❧ *PROMESAS DE DIOS PARA MÍ* ❧

Dios nos escogió en él antes de la creación del mundo, para que seamos santos y sin mancha delante de él. En amor.

EFESIOS 1:4, NVI

Bienaventurados los de limpio corazón, porque ellos verán a Dios.

MATEO 5:8

En una casa grande no solamente hay vasos de oro y de plata, sino también de madera y de barro, y unos para honra y otros para deshonra. Por tanto, si alguno se limpia de estas cosas, será un vaso para honra, santificado, útil para el Señor, preparado para toda buena obra.

2 TIMOTEO 2:20-21, LBLA

Por tanto, amados, teniendo estas promesas, limpiémonos de toda inmundicia de la carne y del espíritu, perfeccionando la santidad en el temor de Dios.

2 CORINTIOS 7:1, LBLA

Y habrá allí calzada y camino, y será llamado Camino de Santidad; no pasará inmundo por él, sino que él mismo estará con ellos; el que anduviere en este camino, por torpe que sea, no se extraviará. No habrá allí león, ni fiera subirá por él, ni allí se hallará, para que caminen los redimidos. Y los redimidos de Jehová volverán, y vendrán a Sion con alegría; y gozo perpetuo será sobre sus cabezas; y tendrán gozo y alegría, y huirán la tristeza y el gemido.

ISAÍAS 35:8-10

CAPÍTULO CATORCE

Señor, llévame al propósito para el cual me creaste

Cuando mis hijos estaban creciendo, a menudo oraba a fin de que ellos fueran conscientes de para qué los creó Dios y de cuál era su propósito para ellos. Había observado a demasiados jóvenes dar vueltas sin saber qué hacer y perdiendo sus vidas porque no tenían idea que tenían un llamado para hacer algo grande para el Señor. Yo había hecho la misma cosa en mi juventud y terminé en serios problemas. De seguro quería más que eso para mis hijos. Como resultado de esas oraciones, nunca he visto a mis hijos sin un sentido de propósito. Ahora que tienen más de veinte años, continúan usando sus dones y su camino se vuelve cada vez más claro. No sé lo detalles exactos de su futuro, pero cada uno sabe que tiene uno y que es bueno.

Cuando escribí *El poder de los padres que oran* y comenté mis años de experiencia orando por los hijos, recibí muchísimas cartas de personas que me decían cuánto hubieran deseado que alguien hubiera orado así por ellas en su etapa de crecimiento. Ahora sentían que habían perdido demasiados años tratando de descubrir lo que se suponía que debían estar haciendo y que habían perdido el propósito que Dios tenía para sus vidas. Los animé con buenas noticias: «No importa qué tan lejos de los planes y propósitos de Dios te hayas ido, cuando entregas tu vida al Señor y declaras tu total dependencia del Señor, Él crea un camino desde donde te encuentras hacia donde se supone que debes estar y te pone en camino. Es probable que demores más tiempo que si hubieras seguido el buen camino desde un principio, pero si sigues caminando cerca del Señor, Él te llevará hasta donde se supone que debes estar».

Jamás pienses que es demasiado tarde para ti. La Biblia dice: «Los dones y el llamamiento de Dios son irrevocables» (Romanos 11:29, LBLA). Eso significa que los dones y habilidades que Él te da, no te los quita. No te los reclamará, ni los revocará, ni los anulará. Siempre tendrás tus dones. Sin embargo, no es así con la unción. La unción es la presencia y el toque de Dios sobre tus dones que le da poder sobrenatural a fin de que penetre en la oscuridad y traiga vida y luz. Este toque espiritual del Espíritu Santo puede perderse a través del pecado sin confesar. Todos hemos visto personas caer en la inmoralidad y, aun así, siguen utilizando sus dones sin reconocer que perdieron la unción. Los engañaron tanto y su pecado los enceguecieron de tal manera que ni siquiera se dan cuenta qué fue lo que perdieron.

TODAS TENEMOS UN PROPÓSITO

Cada una de nosotras tiene un propósito en el SEÑOR. No obstante, muchas de nosotras no nos damos cuenta. Y cuando no tenemos un entendimiento certero de nuestra identidad, nos esforzamos por ser como alguien más o algo que no somos. Nos comparamos con otros y sentimos que siempre nos quedamos cortas. Cuando no nos convertimos en lo que *suponemos* que debemos ser, nos criticamos a nosotras mismas y a nuestras vidas. Por consiguiente, nos volvemos inseguras, demasiado sensibles, con espíritu de juicio, frustradas e insatisfechas. Nos volvemos absorbentes, teniendo que pensar sin cesar en nosotras y en lo que *deberíamos* ser. Nos obliga a esforzarnos al máximo a fin de que la vida sea de la forma en que se supone que debe ser. A tal extremo, que hace que digamos mentiras sobre nosotras y nos volvamos insinceras respecto a quiénes somos en realidad. Cuando estás cerca de personas que no tienen la menor idea del llamado que tienen, puedes sentir la inquietud, la insatisfacción, la ansiedad y la falta de paz.

Dios no quiere esto para ti. Él quiere que tengas una visión clara de tu vida. Quiere revelarte cuáles son tus dones y talentos y mostrarte la mejor manera de desarrollarlos y usarlos para su gloria.

Aprende a saber quién eres y hacia dónde te diriges

La predestinación significa que tu destino ya está determinado. La Biblia dice que somos predestinados de acuerdo a los propósitos y la voluntad de Dios (Efesios 1:11). Eso significa que Dios sabe dónde se supone que debes ir. Y Él sabe cómo llevarte allí. Sin embargo, aunque tengas un propósito y un destino, no puedes alcanzarlo si antes no te conectas a quien te lo dio. Cuando no permaneces conectada con el que planeó tu destino, puedes perderlo en un momento de debilidad, tales como de pasión o enojo. En las noticias vemos a menudo personas que hacen eso. Cuando entiendes con claridad que Dios tiene un propósito alto para tu vida, no lo tiras a la basura con una decisión tonta. No dejas que la inseguridad arruine tu vida.

No pareciera justo que la inseguridad sea un pecado. Es como pegarle a alguien cuando está caído. Aun así, la inseguridad es falta de fe. Y la falta de fe es pecado porque significa falta de confianza en Dios. Cuando estamos inseguras sobre quiénes somos y cuál es nuestro propósito, significa que no confiamos en Dios con nuestra vida. No creemos que lo que dice de nosotras en su Palabra sea verdad. La inseguridad hace que nos enfoquemos en nosotras y en lo que *nosotras* queremos, en lugar de enfocarnos en Él y en lo que *Él* quiere.

Todas queremos lograr algo significativo en la vida. Y todas tenemos el potencial para hacer algo grande. Eso se debe a que somos del Señor y su Espíritu mora en nosotras. Por su grandeza *en* nosotras, Él puede lograr grandes cosas *a través* nuestro. Solo hay que recordar que no debemos creer que el éxito a los ojos de los hombres sea igual al éxito a los ojos de Dios. Los hombres y las mujeres de este mundo se glorían en sus logros. Los hijos de Dios se glorían en el Señor. «Así dice el SEÑOR: "Que no se gloríe el sabio de su sabiduría, ni el poderoso de su poder, ni el rico de su riqueza. Si alguien ha de gloriarse, que se gloríe de conocerme y de comprender que yo soy el SEÑOR, que actúo en la tierra con amor, con derecho y justicia, pues es lo que a mí me agrada", afirma el SEÑOR» (Jeremías 9:23-24, NVI). Cuando sabes quién es el Señor y confías hacia dónde te esté llevando, te sientes muy segura.

ENTREGA TUS SUEÑOS

He descubierto que no podemos movernos hacia todo lo que Dios tiene para nosotras ni convertirnos en todo para lo que Él nos creó si no le entregamos nuestros sueños. Jesús dijo: «Porque todo el que quiera salvar su vida, la perderá; y todo el que pierda su vida por causa de mí, la hallará» (Mateo 16:25). Eso significa que si queremos tener una vida que sea segura en el Señor, debemos dejar ir *nuestros* planes y decir: «Que no se haga mi voluntad, sino la *tuya*, Señor». Esto es difícil de hacer porque dejar ir nuestros sueños es lo último que quisiéramos hacer. Sin embargo, tenemos que pedirle que se lleve de nuestro corazón los sueños que no son de Él y que traiga los que sí lo son.

Si tienes un sueño que no es de Dios, cuando se lo entregues, te quitará el deseo por esto y te dará lo que *Él* tiene para ti. Esto puede ser muy doloroso, sobre todo si es un sueño al que estás aferrada desde hace mucho tiempo. Sin embargo, tú no quieres perder tu vida detrás de un sueño que Dios no va a bendecir. Si lo haces, estarás sin cesar frustrada y nunca se hará realidad. Tú quieres vivir los sueños que Dios pone en tu corazón.

Aun si los sueños que hay en tu corazón son de Dios, tienes que entregárselos. Puesto que Dios quiere que te aferres a *Él* y no a tus sueños. No quiere que trates de hacerlos realidad. Quiere que confíes en *Él*, y Él los hará realidad.

DESCUBRE TU PROPÓSITO

Todas necesitamos tener un sentido de por qué estamos aquí. Todas necesitamos saber que nos crearon con un propósito. Nunca encontraremos plenitud y felicidad hasta que no hagamos las cosas para las que nos crearon. Y Dios no nos dirigirá hacia las grandes cosas que nos llamó a hacer a menos que demos muestra de que somos fieles en las pequeñas cosas que nos dio. De modo que si estás haciendo algo que consideras pequeño, ¡alégrate! Dios te está preparando para las cosas grandes que se avecinan.

No pienses ni por un momento que si hasta ahora no te has movido hacia los propósitos que Dios tiene para ti ya es demasiado tarde. *Nunca* es demasiado tarde. Yo hice todo tarde. No me entregué al Señor hasta los veintiocho años. Me casé tarde, tuve mis hijos tarde y no comencé a escribir profesionalmente hasta después de los cuarenta años de edad. Mi ministerio completo comenzó pasados los cuarenta años y en su mayoría cuando estaba en los cincuenta. Créeme, si todavía respiras, Dios tiene un propósito para ti. Él tiene algo para que tú hagas *ahora*.

Si no estás segura de lo que Dios quiere que hagas, comienza como una intercesora. Todos tenemos el llamado a orar por otros. Comienza sirviendo en tu iglesia. Todos tenemos el llamado a someternos a un cuerpo de creyentes y ayudar a otros. Cuando somos fieles en estas cosas, Él nos mueve hacia otras.

Mantén en mente que Dios «nos salvó y llamó con llamamiento santo, no conforme a nuestras obras, sino según el propósito suyo y la gracia que nos fue dada en Cristo Jesús antes de los tiempos de los siglos» (2 Timoteo 1:9). «Teniendo dones que difieren, según la gracia que nos ha sido dada, usémoslos» (Romanos 12:6, LBLA). Pues «cada uno tiene su propio don de Dios, uno a la verdad de un modo, y otro de otro» (1 Corintios 7:7). Por lo tanto, «según el Señor ha asignado a cada uno, según Dios llamó a cada cual, así ande» (1 Corintios 7:17, LBLA). Oro «para que el Dios de nuestro Señor Jesucristo, el Padre de gloria, os dé espíritu de sabiduría y de revelación en el conocimiento de él, alumbrando los ojos de vuestro entendimiento, para que sepáis cuál es la esperanza a que él os ha llamado, y cuáles las riquezas de la gloria de su herencia en los santos» (Efesios 1:17-18). Que Dios «te conceda lo que tu corazón desea; que haga que se cumplan todos tus planes» (Salmo 20:4, NVI).

Dios permita que nunca olvides, querida hermana, que Él tiene un importante propósito para tu vida y que es un propósito bueno.

❦ Mi oración a Dios ❧

Señor, gracias porque me has llamado con un llamado santo, no de acuerdo a mis trabajos, sino de acuerdo a tu propósito y gracia que me has dado en Cristo Jesús (2 Timoteo 1:9). Sé que tu plan para mí existe desde antes de que yo lo supiera, y que tú lo cumplirás. Ayúdame a andar como es digno de «los que han sido llamados por Dios» (Efesios 4:1, DHH). Sé que hay un plan trazado para mí y que tengo un destino que cumplir.

Ayúdame a vivir con un sentido de propósito y a comprender el llamado que me has dado. Dejo todo orgullo, egoísmo y cualquier otra cosa que me impida moverme hacia todo lo que tienes para mí. No quiero perder todo tu propósito para mi vida al no querer caminar de la manera que quieres que lo haga. Me arrepiento de cada día que no viví por completo para ti. Ayúdame a vivir de la manera que quieres de ahora en adelante.

Señor, ayúdame a comprender el llamado que tienes para mi vida. Quita cualquier desánimo que pueda sentir y reemplázalo con el gozo anticipado por lo que estás haciendo a través de mí. Úsame como tu instrumento para ser determinante de manera positiva en la vida de los que pongas en mi camino. Ayúdame a descansar en la confianza de saber que tu tiempo es perfecto. Sé que lo que sea que me llames a hacer, me capacitarás para hacerlo.

Oro para que nada me desvíe del cumplimiento del plan que tienes para mí. Que nunca me desvíe de lo que me has llamado a ser y hacer. Dame la visión para mi vida y un gran sentido de propósito. Pongo mi identidad en ti y mi destino en tus manos. Muéstrame si lo que estoy haciendo ahora es lo que se supone que haga. Quiero que lo que estás construyendo en mi vida dure por la eternidad.

No quiero perder el tiempo yendo detrás de cosas que no son las que tienes para mí. Ayúdame a contentarme con quien soy, sabiendo que no me dejarás así para siempre.

Señor, sé que «todas las cosas ayudan a bien» a los que te aman y tienen el llamado de acuerdo a tu propósito (Romanos 8:28). No quiero presumir de saber cuál es ese propósito. Tampoco quiero entretener mi vida tratando de descubrir lo que se supone que debo estar haciendo y perder el momento de hacerlo. Por eso te pido que me muestres con claridad cuáles son los dones y talentos que has puesto en mí. Guíame en el camino que debo ir al crecer en ellos. Permíteme que los use de acuerdo a tu voluntad y para tu gloria.

⚬ PROMESAS DE DIOS PARA MÍ ⚬

Les ruego que vivan de una manera digna del llamamiento que han recibido, siempre humildes y amables, pacientes, tolerantes unos con otros en amor. Esfuércense por mantener la unidad del Espíritu mediante el vínculo de la paz.

EFESIOS 4:1-3, NVI

Por lo tanto, hermanos, esfuércense más todavía por asegurarse del llamado de Dios, que fue quien los eligió. Si hacen estas cosas, no caerán jamás.

2 PEDRO 1:10, NVI

Mas vosotros sois linaje escogido, real sacerdocio, nación santa, pueblo adquirido por Dios, para que anunciéis las virtudes de aquel que os llamó de las tinieblas a su luz admirable.

1 PEDRO 2:9

En Cristo también fuimos hechos herederos, pues fuimos predestinados según el plan de aquel que hace todas las cosas conforme al designio de su voluntad, a fin de que nosotros, que ya hemos puesto nuestra esperanza en Cristo, seamos para alabanza de su gloria.

EFESIOS 1:11-12, NVI

A los que predestinó, también los llamó; a los que llamó, también los justificó; y a los que justificó, también los glorificó.

ROMANOS 8:30, NVI

CAPÍTULO QUINCE

Señor, guíame en todas mis relaciones

Una vez escuché por la radio una entrevista con algunos miembros de pandillas en Los Ángeles. En ese momento el promedio de crímenes en esa ciudad era extremadamente alto debido a una aterradora ola de disparos al azar desde los autos y a asesinatos perpetrados por miembros de pandillas. Estos jóvenes, algunos apenas entrando en la adolescencia y otros entre los veinte y veinticinco años de edad, dijeron que el principal motivo para pertenecer a una pandilla era el sentido de pertenencia. En una frase electrizante un buen número de ellos dijeron que harían lo que fuera necesario para que el grupo lo siguiera aceptando y estimando. Incluso a cometer suicidio.

Otros revelaron que la prueba para que lo aceptaran en la pandilla era salir y matar a alguien. No había ninguna otra razón para la muerte más que la de cumplir el requerimiento de demostrar que estaban dispuestos a hacer cualquier cosa por el grupo. Algunos confesaron que detestaban haber tenido que hacer eso y que hubieran querido tener otra alternativa. Sin embargo, estaban desesperados por pertenecer a una familia, así que fueron y lo hicieron. Esta fue una revelación aterradora para los que vivíamos allí porque significaba que ningún lugar era seguro.

Más o menos al mismo tiempo, un amigo nuestro estaba en la puerta de su casa a plena luz del día y se le acercaron dos muchachos como estos. Caminaban por la calle, que estaba en un barrio muy bonito, tranquilo y residencial, cuando uno de los muchachos sacó una pistola, le disparó directo a nuestro amigo y huyeron. No hubo robo ni intento de cometer algún otro crimen. Nuestro amigo debió tener ángeles que lo cuidaban porque sobrevivió. No así en la mayoría de las personas involucradas en estos incidentes. A pesar de todo, el daño a su cuerpo afectó tremendamente su habilidad para hacer su trabajo y le tomó años recuperarse.

Estos muchachos de la entrevista no tenían sentido de propósito para sus vidas fuera de pertenecer a la pandilla. La mayoría de ellos se había criado sin padre y en algunos casos sin la madre también. Estoy segura de que si cada uno de ellos hubiera tenido un poderoso sentido de familia, y amor y aceptación de otras personas, no hubieran escogido ese estilo destructivo de vida. Esto ilustra con cuánta desesperación las personas necesitan de otros. Cuando a los jóvenes se les priva de relaciones sanas y buenas, buscarán las que no lo son. Así es como se forman las pandillas.

Todas nosotras necesitamos un sentido de familia, de relación, de pertenencia. Si no te das cuenta de esto por ti, es que tal vez siempre lo has tenido. Dios nos creó para que estuviéramos en familias. Tenemos un hambre natural de ser parte de algo que nos dé un sentido de aceptación, afirmación y de que nos necesiten y aprecien. Y si aún nunca hemos recibido esto de nuestra familia biológica, hay buenas noticias. Dios nos coloca en familias *espirituales*. En muchos sentidos estas pueden ser igual de importantes.

La importancia de tener una familia espiritual

Dios es nuestro Padre. Nosotras somos hijas suyas. Eso significa que todos los creyentes en Jesús somos hermanos y hermanas. Hay demasiados de nosotros como para vivir todos en una casa, así que Dios nos puso en casas separadas. Las llamamos iglesias. Nuestra relación con esta iglesia familiar es crucial para nuestro bienestar.

Es importante estar unidas a personas que caminan cerca del Señor. La rendición de cuentas es el resultado de relacionarnos con cristianos firmes que a su vez rinden cuentas a otros cristianos sólidos. Es importante rendir cuentas ante otros porque todos tenemos la tendencia a que nos engañen. Todos tenemos puntos que no podemos ver. Necesitamos personas que nos ayuden a ver la verdad sobre nosotras mismas y nuestras vidas. Y necesitamos tener el tipo de relaciones que no se rompen cuando se habla la verdad en amor.

Esto no significa que nunca tendrás problemas con ninguna relación dentro de la iglesia o que si los tienes es señal de que estás en el lugar equivocado. *Todas* las relaciones tienen cosas que necesitan desarrollarse. Superar estos problemas es lo que enriquece las relaciones. Sin embargo, debemos aprender a proteger nuestras relaciones con nuestra familia espiritual en oración.

Tu enemigo no quiere que estés en una familia espiritual ni que tengas buenas relaciones. Eso se debe a que sabe lo beneficiosas que son para ti. Sabe que sin una familia espiritual no serás capaz de crecer como es debido. Sabe que si no estás unida y comprometida con una familia espiritual, terminarás viviendo de alguna manera en rebeldía ya sea malo o no. Sabe que nunca serás todo para lo que te creó Dios si no estás conectada a una familia espiritual. Por esas razones tratará de separar tus relaciones. Y por eso debes cubrirlas en oración.

MÁS QUE UNA SIMPLE AMISTAD

En la Biblia se le da tanta importancia a tener buenos amigos que no podemos tratar a la ligera esta parte de nuestra vida. «El hombre bueno pide consejo a sus amigos; el malvado se lanza adelante, y fracasa» (Proverbios 12:26, LBD). Si es cierto que llegamos a parecernos a las amistades con las que pasamos el tiempo, debemos seleccionar nuestras amistades con sabiduría. La cualidad principal que debemos buscar en una amistad cercana no es cuán atractiva, talentosa, rica, inteligente, influyente, despierta o popular sea. Es cuánto aman y temen a Dios. La persona que hace lo que sea necesario para vivir en la perfecta voluntad de Dios es el tipo de amistad que imparte algo de la bondad del Señor cada vez que estás a su lado.

Dios no quiere que nos unamos en yugo desigual con los incrédulos, pero eso no significa que no tengamos nada que ver con cualquiera que no conozca al Señor. De ninguna manera. Somos los instrumentos de Dios para alcanzar a otros para su reino. Y nuestras relaciones más cercanas, las que más influyen en nosotras, deben ser con personas que aman y temen a Dios. Si no tienes amistades cercanas que sean creyentes, ora para que vengan a tu vida las que son piadosas y deseables.

Siete buenas señales de un amigo deseable

1. *Un amigo deseable te dice la verdad en amor.* «Más confiable es el amigo que hiere que el enemigo que besa» (Proverbios 27:6, NVI)

2. *Un amigo deseable da buenos consejos.* «El ungüento y el perfume alegran el corazón, y dulce para su amigo es el consejo del hombre» (Proverbios 27:9, LBLA).

3. *Un amigo deseable te refina.* «El hierro con hierro se afila, y el hombre con el rostro de su amigo» (Proverbios 27:17, RV-95).

4. *Un amigo deseable te ayuda a crecer en sabiduría.* «El que anda con sabios, sabio será; mas el que se junta con necios será quebrantado» (Proverbios 13:20).

5. *Un amigo deseable se mantiene cerca de ti.* «El hombre que tiene amigos debe ser amistoso, y amigos hay más unidos que un hermano» (Proverbios 18:24, RV-95).

6. *Un amigo deseable te ama y permanece a tu lado.* «En todo tiempo ama el amigo, y es como un hermano en tiempo de angustia» (Proverbios 17:17).

7. *Un amigo deseable es una ayuda en tiempos difíciles.* «Más valen dos que uno, porque obtienen más fruto de su esfuerzo. Si

caen, el uno levanta al otro. ¡Ay del que cae y no tiene quien lo levante!» (Eclesiastés 4:9-10, NVI).

Si tienes amistades con estas cualidades, protégelas con oración. Si tienes amistades que tienen cualidades menos que deseables, necesitas orar por ellas también.

SIETE SEÑALES DE UN AMIGO INDESEABLE

1. *Un amigo indeseable es inmoral y no tiene consideración por los demás*. «Os escribí que no anduvierais en compañía de ninguno que, llamándose hermano, es una persona inmoral, o avaro, o idólatra, o difamador, o borracho, o estafador; con ése, ni siquiera comáis» (1 Corintios 5:11, LBLA).

2. *Un amigo indeseable es cambiante e inestable.* «No te mezcles con extremistas. Porque junto a ellos caerás en súbito desastre; ¡y quién sabe en qué parará todo esto!» (Proverbios 24:21-22, LBD).

3. *Un amigo indeseable se enoja con frecuencia.* «No te hagas amigo de gente violenta, ni te juntes con los iracundos, no sea que aprendas sus malas costumbres y tú mismo caigas en la trampa» (Proverbios 22:24-25, NVI).

4. *Un amigo indeseable da consejos impíos.* «Bienaventurado el varón que no anduvo en consejo de malos, ni estuvo en camino de pecadores, ni en silla de escarnecedores se ha sentado» (Salmo 1:1).

5. *Un amigo indeseable es un incrédulo sin ley.* «No os unáis en yugo desigual con los incrédulos; porque ¿qué compañerismo tiene la justicia con la injusticia? ¿Y qué comunión la luz con las tinieblas? ¿Y qué concordia Cristo con Belial? ¿O qué parte el creyente con el incrédulo?» (2 Corintios 6:14-15).

6. *Un amigo indeseable es un necio.* «El que anda con sabios, sabio será; mas el que se junta con necios será quebrantado» (Proverbios 13:20).

7. *Un amigo indeseable es irreverente con Dios y sus leyes.* «Compañero soy de todos los que te temen, y de los que guardan tus preceptos» (Salmo 119:63, LBLA).

Si tienes amistades de estas características, pídele a Dios que te envíe otras nuevas mientras oras por la transformación de tus viejas amistades.

ORA POR TUS RELACIONES

Las heridas graves en las relaciones a veces pueden ser fatales. Aun si no las destruyen por completo, las heridas quizá tarden años en sanar. Es más fácil protegerlas en oración que tratar de *componerlas*. La forma en que aprendemos a soportar, sobrevivir o interactuar en nuestras relaciones mientras crecemos la llevaremos hasta la vida adulta y afectará cada una de nuestras relaciones importantes o cercanas ahora. Y podría ser exactamente cómo el diablo tratará de destruirnos. Pídele a Dios que te haga una buena amiga para otros y que te dé un corazón puro y amoroso en todas tus relaciones. Ora sobre todo por las personas con que vives. La Biblia dice que «toda [...] casa dividida contra sí misma, no permanecerá» (Mateo 12:25). No puedes tener paz si vives en discordia con alguien en tu casa.

No dejes tus relaciones al azar. Ora por buenas personas que vengan a tu vida y con las que te puedas relacionar. No *fuerces* las relaciones, *ora* para que surjan. Luego, cuando sea así, aliméntalas con oración. Esto no significa que tengas que tener un gran número de amigos. Hay una gran fortaleza en grupos pequeños cuando las personas involucradas son firmes en el Señor. La calidad de tu relación es más importante que la cantidad.

A través de toda tu vida las relaciones serán cruciales para tu bienestar. No es sano, desde el punto de vista espiritual y emocional, el aislamiento. Las buenas relaciones te enriquecerán y ayudarán a equilibrarte y te darán una perspectiva saludable. Las personas de Dios te ayudarán a caminar en la debida dirección y lo bueno en ellas influirá en ti. La calidad de tus relaciones determinará la calidad de tu vida. Y esto es algo por lo que vale la pena orar.

~ *Mi oración a Dios* ~

Señor, levanto cada una de mis relaciones delante de ti y te pido que las bendigas. Oro para que cada una te glorifique. Ayúdame a elegir mis amistades con sabiduría de modo que no me guíen por mal camino. Dame discernimiento y fortaleza para separarme de cualquiera que no sea una buena influencia. Te entrego todas mis relaciones a ti y oro para que tu voluntad sea hecha en cada una de ellas.

Con mis relaciones más difíciles, te pido que tu paz reine en ellas. En especial pongo delante de ti mi relación con (nombra alguna amistad difícil). Sé que dos no pueden caminar juntos si no se ponen de acuerdo (Amós 3:3), por eso, ayúdame a encontrar un lugar de unidad, de acuerdo y de pareceres similares. Donde cualquiera de nosotras necesite cambiar, oro para que tú nos cambies. Derriba «paredes de separación» (Efesios 2:13-15) o de malos entendidos. Dejo esta persona en tus manos y te pido que hagas de esta relación lo que tú quieres que sea a fin de que la gloria sea para ti.

Oro por mi relación con cada miembro de mi familia. Sobre todo oro por mi relación con (nombra el miembro de la familia por el cual estás más preocupada). Oro para que traigas sanidad, reconciliación y restauración donde sea necesario. Bendice nuestra relación y fortalécela.

Oro por cualquier relación que tenga con personas que no te conocen. Dame palabras que dirijan sus corazones hacia ti. Ayúdame a ser una luz para ellas. En especial oro por (nombra a algún no creyente o alguien que se apartó del Señor). Ablanda su corazón y abre sus ojos para que te reciban y sigan con fidelidad.

Oro para que amistades buenas, modelos y mentores vengan a mi vida. Envíame personas que me hablen la verdad en amor. Oro de manera específica para que haya mujeres en mi vida que sean confiables, amables, amorosas y fieles. Sobre todo oro para que sean mujeres de fe poderosa que contribuyan a mi vida y yo a las suyas. Que mutuamente seamos capaces de levantar las normas a las que aspiramos. Que el amor y el perdón fluyan con libertad entre nosotras. Hazme ser tu luz en todas las relaciones.

~ PROMESAS DE DIOS PARA MÍ ~

Ustedes ya no son extraños ni extranjeros, sino conciudadanos de los santos y miembros de la familia de Dios, edificados sobre el fundamento de los apóstoles y los profetas, siendo Cristo Jesús mismo la piedra angular. En él todo el edificio, bien armado, se va levantando para llegar a ser un templo santo en el Señor. En él también ustedes son edificados juntamente para ser morada de Dios por su Espíritu.

EFESIOS 2:19-22, NVI

Dios hace habitar en familia a los desamparados; saca a los cautivos a prosperidad; mas los rebeldes habitan en tierra seca.

SALMO 68:6

Quítense de vosotros toda amargura, enojo, ira, gritería y maledicencia, y toda malicia. Antes sed benignos unos con otros, misericordiosos, perdonándoos unos a otros, como Dios también os perdonó a vosotros en Cristo.

EFESIOS 4:31-32

Ya no seamos niños fluctuantes, llevados por doquiera de todo viento de doctrina, por estratagema de hombres que para engañar emplean con astucia las artimañas del error, sino que siguiendo la verdad en amor, crezcamos en todo en aquel que es la cabeza, esto es, Cristo, de quien todo el cuerpo, bien concertado y unido entre sí por todas las coyunturas que se ayudan mutuamente, según la actividad propia de cada miembro, recibe su crecimiento para ir edificándose en amor.

EFESIOS 4:14-16

CAPÍTULO DIECISÉIS

Señor, guárdame en el centro de tu voluntad

Cuando mis hijos y yo caminamos por los escombros de nuestra casa en Northridge, California, no mucho después que el terremoto de 1993 la había destruido, todos lloramos. Sabíamos que si hubiéramos estado en la casa en ese momento, quizá no habríamos sobrevivido al terremoto. Todos amábamos esa casa grande y no nos gustó dejarla cuando nos mudamos unos pocos meses antes. Tuvimos una gran lucha y mucha oración para tomar la decisión de trasladarnos a otro estado, pero estábamos seguros de que nos dirigía el Señor. Ni siquiera habíamos vendido la casa antes de mudarnos porque sentíamos que debíamos irnos enseguida. Si no hubiéramos buscado la voluntad de Dios para nuestras vidas y si no la hubiéramos obedecido, es probable que hubiéramos estado allí cuando sucedió el terremoto.

La voluntad de Dios es un lugar seguro. No me refiero a que los que estuvieron en California durante el terremoto estaban fuera de la voluntad de Dios. Sin embargo, creo que *nosotros* lo hubiéramos estado. Y creo que la casa no se vendió porque cualquiera que hubiera estado allí en ese momento habría muerto o lo habrían herido. Cuando caminamos en la voluntad de Dios, encontramos seguridad. Cuando caminamos fuera de la voluntad de Dios, perdemos su protección.

Todos queremos estar en el centro de la voluntad de Dios. Por eso no deberíamos seguir una carrera, mudarnos a otro lado ni hacer ningún otro cambio importante en la vida sin saber que es la voluntad de Dios. Debemos pedirle con regularidad a Dios que nos muestre cuál es su voluntad y que nos guíe a ella. Debemos pedirle que hable a nuestro corazón de modo que nos lo diga. «Entonces tus oídos oirán detrás de ti la palabra que diga: "Este es el camino, andad por él y no echéis a la mano derecha, ni tampoco os desviéis a la mano izquierda"» (Isaías 30:21, RV-95). Mi familia y yo estaremos siempre agradecidos de que escuchamos a Dios y seguimos su dirección.

CUATRO COSAS BUENAS SOBRE LA VOLUNTAD DE DIOS QUE SON VERDAD

1. *Seguir la voluntad de Dios no significa que nunca tendremos problemas.* Los problemas son parte de la vida. Tener satisfacción y paz en medio de los problemas es de lo que se trata vivir en la voluntad de Dios. Hay una gran confianza en saber que caminas en la voluntad de Dios y que haces lo que Él quiere que hagas. Cuando estás segura de eso, eres capaz de enfrentar mejor lo que la vida te depara. Así que no pienses que los problemas en tu vida significan que estás fuera de la voluntad de Dios. El Señor usa los problemas que tienes para protegerte. Hay una gran diferencia entre estar fuera de la voluntad de Dios y que Él nos «pode» o «pruebe». Las dos cosas son molestas, pero una lleva a la vida y la otra no. En una tendrás paz, no importa qué tan molesto se ponga. En la otra no.

2. *Seguir la voluntad de Dios no es fácil.* La vida de Jesús nos confirma que seguir la voluntad de Dios no siempre será divertido, agradable, placentero y sencillo. Jesús estaba haciendo la voluntad de Dios cuando fue a la cruz. Él dijo: «He descendido del cielo, no para hacer mi voluntad, sino la voluntad del que me envió» (Juan 6:38). Si alguien hubiera podido decir: «No

quiero seguir la voluntad de Dios hoy», pienso que podría haber sido Jesús. No obstante, Él la cumplió a la perfección. Y ahora nos ayudará a hacerlo a nosotros también.

3. *Seguir la voluntad de Dios quizá te haga sentir muy molesta.* Es más, si nunca sientes las exigencias y las incomodidades en tu caminar con el Señor, pondré en duda si en verdad estás *en* la voluntad del Señor. Ha sido mi experiencia personal que las pruebas y las molestias son una forma de vida cuando camino en la voluntad de Dios.

4. *Seguir la voluntad de Dios no sucede de manera automática.* Esto se debe a que Dios nos dio la opción de sujetar nuestra voluntad a la suya o no. Tomamos esta decisión cada día. ¿Seguiremos *su* voluntad? ¿Le *pedimos* sabiduría? ¿*Haremos* lo que nos dice? «No sean insensatos, sino entiendan cuál es la voluntad del Señor» (Efesios 5:17, NVI). La voluntad de Dios es el camino que decidimos vivir cada día de nuestra vida.

Dios no quiere que vivas para los deseos de la carne, «sino conforme a la voluntad de Dios» (1 Pedro 4:2). Quiere hacernos «aptos en toda obra buena para que hagáis su voluntad, haciendo él en vosotros lo que es agradable delante de él» (Hebreos 13:21). «Dios es quien produce en ustedes tanto el querer como el hacer para que se cumpla su buena voluntad» (Filipenses 2:13, NVI). Oro para que todas ustedes «se mantengan firmes, cumpliendo en todo la voluntad de Dios» (Colosenses 4:12, NVI).

El mejor lugar para comenzar a buscar la voluntad de Dios para tu vida es este: «Den gracias a Dios en toda situación, porque esta es su voluntad para ustedes en Cristo Jesús» (1 Tesalonicenses 5:18). Dale gracias por mantenerte en el centro de su voluntad. Luego pídele que te guíe en cada paso. Nos sentimos tan bien cuando tenemos la confianza de que estamos en el buen camino y haciendo lo que Dios *quiere*, que sé que harás todo lo que sea necesario para experimentarlo.

～ Mi oración a Dios ～

Señor, oro para que me llenes «del conocimiento de [tú] voluntad en toda sabiduría e inteligencia espiritual» (Colosenses 1:9). Ayúdame a caminar de una manera valiosa, agradándote por completo, llevando el fruto de toda buena obra y aumentando mis conocimientos de tus caminos. Guíame a cada paso. Llévame «en tu justicia» y «endereza delante de mí tu camino» (Salmo 5:8). Al acercarme a ti y caminar cada día en una más íntima relación contigo, oro para que me lleves donde necesito ir.

Al igual que Jesús dijo: «No se haga mi voluntad, sino la tuya» (Lucas 22:42), así te digo: No *mi* voluntad sino *tu* voluntad sea hecha en mi vida. «El hacer tu voluntad, Dios mío, me ha agradado» (Salmo 40:8). Eres lo más importante para mí. Tu voluntad es más valiosa para mí que mis deseos. Quiero vivir como tu sierva, haciendo de corazón tu voluntad (Efesios 6:6).

Señor, pon en línea mi corazón con el tuyo. Ayúdame a escuchar tu voz diciendo: «Este es el camino, ve por él». Si estoy haciendo algo fuera de tu voluntad, muéstramelo. Háblame desde tu Palabra para que pueda comprender. Muéstrame cualquier esfera de mi vida en la que no esté justo de acuerdo a lo previsto. Si hay algo que debiera estar haciendo, revélamelo para que pueda corregir mi curso. Solo quiero hacer lo que tú quieres.

Señor, sé que no debemos dirigir nuestros propios pasos (Jeremías 10:23). Por eso te pido que *tú* dirijas mis pasos. Solo tú sabes el camino por el que debo andar. No quiero apartarme del camino por el que tú quieres que camine y terminar luego en el lugar equivocado. Quiero moverme hacia todo lo que tienes para mí y transformarme en todo para lo que me creaste, caminando en tu perfecta voluntad para mi vida ahora.

⁓◌⌇ PROMESAS DE DIOS PARA MÍ ⌇◌⁓

No todo el que me dice: «Señor, Señor», entrará en el reino de los cielos, sino el que hace la voluntad de mi Padre que está en los cielos.

MATEO 7:21, LBLA

Ustedes necesitan perseverar para que, después de haber cumplido la voluntad de Dios, reciban lo que él ha prometido.

HEBREOS 10:36, NVI

Si es la voluntad de Dios, es preferible sufrir por hacer el bien que por hacer el mal.

1 PEDRO 3:17, NVI

De modo que los que padecen según la voluntad de Dios, encomienden sus almas al fiel Creador, y hagan el bien.

1 PEDRO 4:19

El mundo pasa, y sus deseos; pero el que hace la voluntad de Dios permanece para siempre.

1 JUAN 2:17

CAPÍTULO DIECISIETE

Señor, protégeme a mí y a todos mis seres queridos

Hace poco tuve el privilegio de hospedarme en un edificio de apartamentos muy alto sobre la playa. Este apartamento en particular estaba en el último piso, y todo un costado de él, incluyendo el comedor, la sala y el dormitorio, era de vidrio mirando al océano. La vista era impresionante.

La primera mañana que me desperté allí, abrí las cortinas y me acosté de nuevo en la cama para contemplar el océano y anotar algunos pensamientos en mi libreta. Debido a que el edificio era muy alto, desde donde estaba sentada solo podía ver el océano y el cielo. A fin de ver la playa y la arena habría tenido que ir a la sala y asomarme por el balcón.

Estaba ensimismada en mis pensamientos, perdida en el azul del cielo y el océano, cuando de pronto un avión grande voló pasando mi ventana a la altura de mis ojos. Volaba sobre el agua, pero parecía estar muy cerca. La aparición repentina de algo tan ruidoso y enorme hizo que se me parara el corazón. Me sobrevino un pánico y un temor tan fuerte que sentí un dolor agudo atravesando mi pecho. Estaba aterrada de lo que vi y sorprendida de mi reacción. No sé si alguna vez respondí de forma tan violenta a algo que en realidad no era una amenaza. Sin embargo, fue muy inesperado y jamás había soñado con ver un avión a la altura de mis ojos. Me sentí terriblemente vulnerable. Me di cuenta en ese mismo momento que la única cosa que se interponía entre una muerte instantánea y yo era la mano de Dios y un piloto que era un competente ser humano.

Antes del 11 de septiembre, jamás se me habría ocurrido la posibilidad de que un avión entrara por mi ventana. En la actualidad, esa posibilidad estaba siempre allí, ya sea que me diera cuenta o no. Comencé a preguntarme cuántas otras cosas potencialmente peligrosas están a nuestro alrededor cada día. Cosas que no vemos hasta que los planes del diablo las hacen estallar en nuestras vidas. Peligros que ni siquiera imaginamos hasta que se nos vienen encima, cambiándonos para siempre.

En lo particular, creo que nuestro Padre celestial está atento y nos protege de peligros mucho más de lo que nos damos cuenta. Aun así, no es algo que podamos dar por sentado. Es algo por lo que debemos orar con frecuencia.

Parte de recibir la protección de Dios tiene que ver con obedecerlo y vivir en su voluntad. Cuando no hacemos ninguna de esas cosas, salimos de debajo del paraguas de su protección. No escuchamos su voz que nos dice por qué camino ir. ¿Cuántas veces las personas se hubieran salvado de algo desastroso si solo le hubieran pedido a Dios que les mostrara qué hacer y luego le hubieran obedecido? ¿O si al menos hubieran estado escuchando?

Recuerdo que en cierta ocasión viajé en mi vehículo todoterreno unos días después de una helada tormenta de nieve. Acercándome despacio a la luz roja de una intersección con mucho tránsito, puse mi pie en el freno, pero no pasó nada. Había tocado una mancha de hielo negro que era del todo invisible. La intersección consistía en dos angostas rutas de dos sendas que se cruzaban entre sí, con profundos canales de desagüe a cada lado. Había coches yendo en ambas direcciones frente a mí, y me di cuenta que mi coche estaba descontrolado por completo y no lo podía detener.

«Jesús ayúdame», oré. Hice todo lo posible por mantener el control del auto y evitar que cayera en alguno de los canales de ambos lados. En mi esfuerzo por hacer eso, sin embargo, giré en el centro de la intersección. Los coches a mí alrededor me esquivaron tratando también ellos de mantener el control. Un coche verde venía directamente hacia mí, y no sé cómo no chocamos, excepto porque oraba con fervor en ese momento y la mano de Dios debe haber intervenido. Fue un milagro que no me sucediera nada a mí ni a nadie. Antes de salir de casa ese día oré de manera específica para que Dios me mantuviera a salvo. No tengo la menor duda de que Él contestó mi oración.

En esos momentos precarios, cuando tu futuro pende de un hilo, quieres tener la confianza de que te has estado comunicando con tu Padre celestial todo el tiempo y que Él tiene sus ojos puestos en ti. Estos son los momentos, como el que yo experimenté, cuando necesitas la respuesta instantánea a una oración. No obstante, con el propósito de tener la seguridad de que suceda, debes orar cada día. Dios es un lugar seguro al que puedes correr, pero ayuda si corres cada día a Él a fin de que te encuentres en terreno conocido. La Biblia dice: «En el temor del Señor hay confianza segura, y a los hijos dará refugio. El temor del SEÑOR es fuente de vida, para evadir los lazos de la muerte» (Proverbios 14:26-27, LBLA). Cuando tenemos nuestra mirada en *Dios*, Él mantiene su mirada sobre *nosotras*.

✎ Mi oración a Dios ✎

Señor, oro para que tu mano de protección esté sobre mí. Guárdame a salvo de accidentes, enfermedades o de la influencia del diablo. Protégeme a dondequiera que vaya. Guárdame a salvo en aviones, coches y cualquier otro medio de transporte. Confío en tu Palabra, que me asegura que tú eres mi roca, mi fortaleza, mi libertador, mi escudo, mi fuerte y mi fuerza en quien confío.

Señor, quiero habitar a tu abrigo y morar bajo tu sombra (Salmo 91:1). Mantenme bajo el resguardo de tu protección. Ayúdame a no desviarme nunca del centro de tu voluntad ni del camino que tienes para mí. Permíteme que siempre escuche tu voz que me guía. Envía tus ángeles para que estén sobre mí y me mantengan en todos mis caminos. Que me lleven en sus brazos, para que ni aun tropiece (Salmo 91:12). Tú, Señor, eres mi amparo y fortaleza y «pronto auxilio en las tribulaciones». Por tanto, no temeré, «aunque la tierra sea removida y se traspasen los montes al corazón del mar» (Salmo 46:1-2).

Gracias, Señor, que ninguna arma forjada contra mí prosperará (Isaías 54:17). Gracias porque no me dejarás en manos de hombres impíos que intentan destruirme (Salmo 37:32-33). «Cuídame como a la niña de tus ojos; escóndeme, bajo la sombra de tus alas, de los malvados que me atacan, de los enemigos que me han cercado» (Salmo 17:8-9, NVI). Protégeme de los planes de los malos. Cuídame del peligro repentino. «Ten misericordia de mí, oh Dios, ten misericordia de mí; porque en ti ha confiado mi alma, y en la sombra de tus alas me ampararé hasta que pasen los quebrantos» (Salmo 57:1). Gracias porque «en paz me acostaré y así también dormiré; porque solo tú, SEÑOR, me haces habitar seguro»

(Salmo 4:8, LBLA). Gracias por tus promesas de protección. Las reclamo en este día.

~಄⊙ PROMESAS DE DIOS PARA MÍ ⊙಄~

Porque has puesto al SEÑOR, que es mi refugio, al Altísimo, por tu habitación. No te sucederá ningún mal, ni plaga se acercará a tu morada.

SALMO 91:9-10, LBLA

Ninguna arma forjada contra ti prosperará.

ISAÍAS 54:17

Cuando pases por las aguas, yo estaré contigo; y si por los ríos, no te anegarán. Cuando pases por el fuego, no te quemarás, ni la llama arderá en ti.

ISAÍAS 43:2

Con sus plumas te cubrirá, y debajo de sus alas estarás seguro; escudo y adarga es su verdad. No temerás el terror nocturno, ni saeta que vuele de día, ni pestilencia que ande en oscuridad, ni mortandad que en medio del día destruya. Caerán a tu lado mil, y diez mil a tu diestra; mas a ti no llegará.

SALMO 91:4-7

Pues a sus ángeles mandará acerca de ti, que te guarden en todos tus caminos.

SALMO 91:11

✖ CAPÍTULO DIECIOCHO ✖

Señor, dame sabiduría para tomar buenas decisiones

ientras estaba sentada en el balcón de ese edificio frente a la playa que describí en el capítulo anterior, tuve una rara perspectiva del agua debajo. Podía ver con claridad dónde había lugares poco profundos y dónde el fondo del océano bajaba de pronto, haciendo el agua más honda. Veía cómo las personas nadaban a sus anchas y luego encontraban lugares tan bajos que se veían forzadas a pararse. El agua en esos lugares apenas les llegaba a las rodillas. Era fascinante ver a los nadadores caminar alrededor de esos bancos de arena y de pronto caer en el borde hacia el agua profunda.

Me di cuenta que si hubiera logrado comunicarme con cada uno de ellos a través, quizá, de teléfonos celulares a prueba de agua, les podría ir diciendo cuándo estaban cerca del borde. Sin embargo, no tenían ninguna comunicación conmigo. Así que no podía decirles lo que veía desde mi perspectiva.

Pienso que de esta misma manera es con Dios. Él lo ve todo porque está por encima de todo. Si nos conectamos a Él con regularidad y le decimos: «Señor, guíame para que no caiga», Él nos guiará lejos del borde. Aunque muchas veces no hacemos ese contacto con Dios. No llamamos. No buscamos su dirección. No consideramos su perspectiva. Y con demasiada frecuencia caemos de narices por esto.

Lot, el sobrino de Abraham en la Biblia, terminó como prisionero del enemigo porque decidió vivir en una tierra que *él* pensó que era buena (Génesis 13:10-11), pero estaba entre gente mala (Génesis 13:13). Escogió lo que *él* pensó que era mejor en lugar de lo era mejor parar *Dios*. ¿Cuántas veces las personas caminan fuera del paraguas de protección de Dios, y lejos de su bien, porque escogieron lo que *ellos* pensaban que era mejor para sus vidas? No preguntan por la sabiduría de *Dios*, ni por *su* dirección.

¿No hemos hecho todos esto alguna vez? Y el hecho de que hayamos caminado por un tiempo con el Señor no nos hace inmunes a este problema. Pensamos que sabemos cuál es la voluntad de Dios para una situación hoy por lo que fue su voluntad la última vez que la preguntamos. Aun así, lo que dio resultados el año pasado quizá no sea lo mismo que Él nos dirija a hacer ahora. Siempre necesitamos pedirle a Dios sabiduría y dirección.

Las cosas de Dios solo se disciernen en el espíritu. Y el hombre natural no tiene esto. No puede. «El hombre natural no percibe las cosas que son del Espíritu de Dios, porque para él son locura, y no las puede entender, porque se han de discernir espiritualmente» (1 Corintios 2:14). ¿Alguna vez has observado a personas sin sabiduría que evidentemente deciden lo malo o hacen una decisión tonta? Las consecuencias son claras como el cristal para ti, pero *ellas* son incapaces de verlo. Siempre es más fácil ver la falta de visión en otros que en nosotras mismas. Por eso es que debemos orar cada día por sabiduría. La sabiduría significa tener perspicacia y un claro entendimiento. Significa saber cómo aplicar la verdad a cada situación. Es discernir lo bueno de lo malo. Es tener un buen juicio. Es poder percibir cuándo estás cerca del borde. Es elegir bien o hacer una buena decisión. Y solo Dios sabe cuál es. «Cuando Él, el Espíritu de verdad, venga, os guiará a toda la verdad, porque no hablará por su propia cuenta, sino que hablará todo lo que oiga, y os hará saber lo que habrá de venir» (Juan 16:13, LBLA). No tenemos idea de cuántas veces la simple sabiduría nos salvó la vida, o impidió que nos hicieran daño, ni cuántas veces lo hará en el futuro. Es por eso que no podemos vivir sin ella y necesitamos pedírsela a Dios. Debemos orar: «Señor, dame sabiduría en todo lo que hago. Ayúdame a caminar con sabiduría cada día».

DIEZ BUENAS MANERAS DE CAMINAR CON SABIDURÍA

1. *Permanece en la Palabra de Dios.* «Hijo mío, si haces tuyas mis palabras y atesoras mis mandamientos; si tu oído inclinas hacia la sabiduría y de corazón te entregas a la inteligencia [...] entonces comprenderás el temor del SEÑOR y hallarás el conocimiento de Dios» (Proverbios 2:1-2,5, NVI).

2. *Ora por sabiduría.* «Si a alguno de ustedes le falta sabiduría, pídasela a Dios, y él se la dará, pues Dios da a todos generosamente sin menospreciar a nadie» (Santiago 1:5, NVI).

3. *Reconoce al Señor en todas las cosas.* «Reconócele en todos tus caminos, y Él enderezará tus sendas» (Proverbios 3:6, LBLA).

4. *Camina con reverencia a Dios.* «El principio de la sabiduría es el temor del SEÑOR, y el conocimiento del Santo es inteligencia» (Proverbios 9:10, LBLA).

5. *Escucha a personas sabias.* «Inclina tu oído y oye las palabras de los sabios, y aplica tu corazón a mi sabiduría» (Proverbios 22:17).

6. *Valora la sabiduría por encima de todo.* «Adquiere sabiduría, adquiere inteligencia; no te olvides ni te apartes de las razones de mi boca; no la dejes, y ella te guardará; ámala, y te conservará» (Proverbios 4:5-6).

7. *Camina en obediencia.* «Él provee de sana sabiduría a los rectos; es escudo a los que caminan rectamente» (Proverbios 2:7).

8. *Sé humilde*. «Cuando viene la soberbia, viene también la deshonra; mas con los humildes está la sabiduría» (Proverbios 11:2).

9. *Ama a tu prójimo*. «El falto de juicio desprecia a su prójimo, pero el entendido refrena su lengua» (Proverbios 11:12, NVI).

10. *Busca la sabiduría de Dios, no la de este mundo*. «Pero Dios mismo los ha unido a ustedes con Cristo Jesús, y ha hecho también que Cristo sea nuestra sabiduría, nuestra justicia, nuestra santificación y nuestra liberación» (1 Corintios 1:30, DHH). «¿No ha enloquecido Dios la sabiduría del mundo? Pues ya que en la sabiduría de Dios, el mundo no conoció a Dios mediante la sabiduría, agradó a Dios salvar a los creyentes por la locura de la predicación» (1 Corintios 1:20-21).

DIEZ BUENAS RAZONES PARA PEDIR SABIDURÍA

1. *Para disfrutar longevidad, riqueza y honor*. «Largura de días está en su mano derecha; en su izquierda, riquezas y honra» (Proverbios 3:16).

2. *Para tener una buena vida*. «Sus caminos son caminos deleitosos, y todas sus veredas paz» (Proverbios 3:17).

3. *Para disfrutar vitalidad y felicidad*. «Ella es árbol de vida a los que de ella echan mano, y bienaventurados son los que la retienen» (Proverbios 3:18).

4. *Para asegurarse protección*. «Entonces andarás por tu camino confiadamente, y tu pie no tropezará» (Proverbios 3:23).

5. *Para experimentar descanso refrescante*. «Cuando te acuestes, no tendrás temor, sino que te acostarás, y tu sueño será grato» (Proverbios 3:24).

6. *Para adquirir confianza*. «Porque el SEÑOR será tu confianza, y guardará tu pie de ser apresado» (Proverbios 3:26, LBLA).

7. *Para conocer la seguridad*. «No la dejes, y ella te guardará; ámala, y te conservará [...] Cuando anduvieres, no se estrecharán tus pasos, y si corrieres, no tropezarás» (Proverbios 4:6, 12).

8. *Para recibir promoción.* «Engrandécela, y ella te engrandecerá; ella te honrará, cuando tú la hayas abrazado» (Proverbios 4:8).

9. *Para recibir protección.* «Cuando la sabiduría entrare en tu corazón, y la ciencia fuere grata a tu alma, la discreción te guardará; te preservará la inteligencia, para librarte del mal camino, de los hombres que hablan perversidades» (Proverbios 2:10-12).

10. *Para adquirir conocimiento.* «Oirá el sabio, y aumentará el saber, y el entendido adquirirá consejo» (Proverbios 1:5).

Busca el consejo de Dios

Es importante buscar el consejo de Dios antes que el de ningún otro. No quiero decir con esto que no puedes beneficiarte con los servicios de un abogado o un doctor no creyente. Lo que digo es que *antes* de ir a ellos, debes preguntarle a Dios a *quién* ir y pedirle que le dé a esa persona sabiduría y conocimiento para que te los imparta. Pídele a Dios que te muestre si es que estás recibiendo alguna guía o consejo que provenga de otra fuente que no sea suya. Pídele que te aparte de cualquier consejo impío y te lleve al camino recto y sabio.

Solo por curiosidad, bajé a la playa y fui hacia uno de los bancos de arena que había estado observando. Caminé por encima de él para ver con exactitud cuánto se podía determinar de la profundidad del agua desde una perspectiva cercana. Como tenía la ventaja de saber que había una caída profunda en uno de los lados, caminé con confianza hasta el borde. De repente se derrumbó el borde y me caí de la misma manera que lo vi en otros nadadores. Con mi orgullo chorreando agua, caminé de regreso a la orilla. Me di cuenta que aun cuando piensas que *sabes* algo, no puedes ser engreída. Siempre necesitaremos pedirle a Dios su sabiduría y consejo acerca de *todo* porque Él es el único que sabe *toda* la verdad.

∽ *Mi oración a Dios* ∽

Señor, oro para que me des tu sabiduría y entendimiento en todas las cosas. Sé que la sabiduría es mejor que el oro y el conocimiento mejor que la plata (Proverbios 16:16), por lo tanto, hazme rica en sabiduría y próspera en entendimiento. Gracias porque tú das «la sabiduría a los sabios, y la ciencia a los entendidos» (Daniel 2:21). Aumenta mi sabiduría y mi conocimiento de modo que sea capaz de ver tu verdad en cada situación. Dame discernimiento para cada decisión que debo tomar.

Señor, ayúdame a buscar siempre el consejo piadoso y a no mirar al mundo y la gente impía por respuestas. Gracias, Señor, porque tú me darás el consejo y la instrucción que necesito, aun mientras duermo. Gracias porque «me mostrarás la senda de la vida» (Salmo 16:7-11).

Me deleito en tu ley y en tu Palabra. Ayúdame a meditar en ella de día y de noche, reflexionar sobre ella, hablar sobre ella, memorizarla, a llevarla en mi alma y en mi corazón. Señor, creo que «el que confía en su propio corazón es un necio, pero el que anda con sabiduría será librado» (Proverbios 28:26, LBLA). No quiero confiar en mi propio corazón. Quiero confiar en tu Palabra y en tu instrucción a fin de caminar en sabiduría y nunca hacer cosas sin saber o tontas. Haz que sea una persona sabia.

Tú dices en tu Palabra que eres el que provees de sana sabiduría a los rectos (Proverbios 2:7). Ayúdame a caminar en rectitud, como es debido, obedeciendo tus mandamientos. Guárdame alejada del mal de modo que pueda reclamar la salud y la fortaleza que promete tu Palabra (Proverbios 3:7-8). Dame la sabiduría, el conocimiento, el entendimiento, la dirección y el discernimiento que necesito para mantenerme lejos del mal camino a fin de

que sea capaz de caminar segura y sin tropezar (Proverbios 2:10-13). Señor, sé que en ti están «escondidos todos
los tesoros de la sabiduría y del conocimiento» (Colosenses 2:3). Ayúdame a descubrir esos tesoros.

⚜ PROMESAS DE DIOS PARA MÍ ⚜

El principio de la sabiduría es el temor del SEÑOR, y el conocimiento del Santo es inteligencia. Pues por mí se multiplicarán tus días, y años de vida te serán añadidos.

PROVERBIOS 9:10-11, LBLA

La boca del justo habla sabiduría, y su lengua habla justicia. La ley de su Dios está en su corazón; por tanto, sus pies no resbalarán.

SALMO 37:30-31

Con sabiduría se edificará la casa, y con prudencia se afirmará; y con ciencia se llenarán las cámaras de todo bien preciado y agradable.

PROVERBIOS 24:3-4

Clama a mí, y yo te responderé, y te enseñaré cosas grandes y ocultas que tú no conoces.

JEREMÍAS 33:3

Si llamas a la inteligencia y pides discernimiento; si la buscas como a la plata, como a un tesoro escondido, entonces comprenderás el temor del Señor y hallarás el conocimiento de Dios. Porque el Señor da la sabiduría; conocimiento y ciencia brotan de sus labios.

PROVERBIOS 2:3-6, NVI

CAPÍTULO DIECINUEVE

Señor, libérame de cualquier obra del diablo

Sé que Dios es mi libertador. Me liberó de muchas cosas, incluyendo el alcohol, las drogas, los temores, la depresión, la ansiedad y la falta de perdón, por solo mencionar algunas. He visto al Señor liberarme en un instante, y también he estado en un proceso de liberación que tomó años. A veces tuve que ayunar y orar para recibir liberación, en ocasiones necesité que otros creyentes fuertes oraran por mí y algunas veces sucedió solo por estar en la presencia del Señor.

Más allá de *cómo* sucedió, lo que más importa es que *sucedió*.

Todos necesitamos liberación en un momento u otro. Eso se debe a que no importa cuán espirituales seamos, seguimos siendo de carne. Y no importa con cuánta perfección vivamos, seguimos teniendo un enemigo que está tratando de levantar fortalezas del mal en nuestra vida. Dios quiere liberarnos de cada atadura que nos separa de Él.

Jesús nos enseñó a orar «líbranos del mal» (Mateo 6:13). No nos hubiera instruido de esta manera si no nos hiciera falta. Sin embargo, muchas veces no oramos de esta manera, actuando como si nunca lo hubiera dicho. Demasiado a menudo vivimos como si no nos diéramos cuenta de que Jesús pagó un enorme precio para que fuéramos libres. Jesús «se dio a sí mismo por nuestros pecados para librarnos del presente siglo malo, conforme a la voluntad de nuestro Dios y Padre» (Gálatas 1:4). Él quiere *continuar* liberándonos en el futuro.

Dios te quiere libre

¿Alguna vez has tenido problemas con tus finanzas al punto que parece que nunca saldrás adelante? ¿O te enfermas constantemente de una cosa o de otra o de una enfermedad recurrente que nunca diagnostican ni curan? ¿Sientes que nunca reconocen que haces cosas valiosas? ¿Te sientes atraída sin esperanza hacia cosas que no son buenas para ti, como el alcohol, la comida, las drogas, las relaciones impropias o el juego? ¿Te sientes atraída hacia la inmoralidad? ¿Te resulta imposible levantarte por encima del resentimiento que sientes hacia alguien no importa cuánto lo intentes? ¿Tienes constantes conflictos en una relación importante?

¿Te sientes siempre lejos de Dios no importa lo que hagas? ¿Pareciera como si tus oraciones nunca se escucharan ni contestaran? ¿Te sientes más desalentada y triste de lo que sientes gozo en el Señor? ¿Te das cuenta que vuelves una vez tras otra al mismo problema, los mismos viejos hábitos de acción y pensamiento, las mismas situaciones poco saludables? ¿Te sientes siempre mal contigo misma? Si tu respuesta fue sí a cualquiera de estas preguntas, tengo buenas noticias para ti. Dios quiere liberarte. Dios quiere que recuerdes que Él es el libertador (Romanos 11:26) y «libra a los que son llevados a la muerte» (Proverbios 24:11). ¿Te das cuenta que cualquiera de estas tendencias o síntomas puede ser un arma forjada en tu contra? A menudo seguimos con los planes del enemigo para nuestras vidas, sin saber que no tenemos por qué soportarlo. Pensamos que es el destino o la mala suerte, cuando en verdad es el enemigo. Sin embargo, Jesús vino para liberarnos de todas las cosas que nos atan. Vino para levantarnos por encima del enemigo que quiere destruirnos. Dios escucha el gemido de los presos (Salmo 102:19-20). Si tú clamas a Él, te va a liberar. Y «si el Hijo os libertare, seréis verdaderamente libres» (Juan 8:36). No importa qué tan fuertes sean la cosas contra las cuales luchas, el poder de Dios para liberarte es aun mayor.

Dios quiere liberarte no solo porque te ama y siente compasión por ti, sino porque quiere que podamos servirle «en santidad y en justicia delante de él, todos nuestros días» (Lucas 1:74-75). Por supuesto, nosotras tenemos la responsabilidad de *alejarnos* del mal. La Biblia dice: «El camino de los rectos se aparta del mal; su vida guarda el que guarda su camino» (Proverbios 16:17). A veces *nosotras* somos las culpables de las cosas que pasan en nuestra vida. Aunque a veces son planes que levanta el enemigo en nuestra contra de los cuales debemos recibir liberación.

CÓMO ENCONTRAR LIBERTAD

Puedes encontrar libertad orando tú misma por ello (Salmo 72:12), teniendo otro creyente fuerte en la fe que ore contigo (Salmo 34:17), leyendo la verdad de la Palabra de Dios con gran entendimiento y claridad (Juan 8:32) o pasando tiempo en la presencia del Señor. La forma más eficaz y poderosa de pasar tiempo en la presencia del Señor es en alabanza y adoración. Cada vez que adoras al Señor, algo pasa en el mundo espiritual que quiebra el poder del mal. Esto se debe a que Dios habita en tu alabanza, y esto significa que estás en su presencia. «El Señor es el Espíritu; y donde está el Espíritu del Señor, allí hay libertad» (2 Corintios 3:17).

La Biblia dice: «El ángel de Jehová acampa alrededor de los que le temen, y los defiende» (Salmo 34:7). Cada vez que el enemigo trate de decirte que nunca serás libre, ahógalo con alabanza. Gracias a Dios que es el Libertador y tú recibes libertad aun

cuando le alabas. Y una vez que estás en libertad, cuéntaselos a
otros: «Díganlo los redimidos de Jehová, los que ha redimido
del poder del enemigo» (Salmo 107:2).

Si te das cuenta que te estás deslizando de nuevo hacia lo
mismo de lo cual recibiste libertad, no pierdas tiempo con los
desalientos. A menudo lo que parece la misma antigua cosa que
regresa, quizá sea una nueva capa que sale a la superficie y que
hace falta que se desprenda. No vas para atrás, vas hacia lo más
profundo. Esos niveles de ataduras quizá duelan aun más que
los primeros. Confía en que tus tiempos están en las manos de
Dios y que Él te liberará a su tiempo (Salmo 31:14-15).

Recuerda que la liberación viene del Señor y es un proceso
continuo. Es Dios el que «nos libró, y nos libra, y en quien esperamos que aún nos librará, de tan gran muerte» (2 Corintios
1:10). Dios hace el trabajo completo, y lo hará hasta el final. Así
que no te rindas porque toma más tiempo del que esperabas.
Ten confianza «que el que comenzó en vosotros la buena obra,
la perfeccionará hasta el día de Jesucristo» (Filipenses 1:6). Dios
no descansará hasta que salga como resplandor su justicia y su
salvación se encienda como una antorcha (Isaías 62:1). La liberación no te cambiará en otra persona. Te liberará para que seas
quien eres en verdad: una inteligente, segura, amorosa, talentosa, amable, ingeniosa, atractiva y maravillosa mujer de Dios.

∾ Mi oración a Dios ∾

Señor, gracias porque has prometido que «el Señor me librará de toda obra mala, y me preservará para su reino celestial» (2 Timoteo 4:18). Sé que «no tenemos lucha contra sangre y carne, sino contra principados, contra potestades, contra los gobernadores de las tinieblas de este siglo, contra huestes espirituales de maldad en las regiones celestes» (Efesios 6:12). Gracias porque pusiste a todos estos enemigos debajo de tu pie (Efesios 1:22), y «nada hay encubierto, que no haya de ser manifestado; ni oculto, que no haya de saberse» (Mateo 10:26).

Señor, sé que no puedo ver todas las maneras en que el enemigo quiere levantar fortalezas en mi vida. Dependo de ti para que me las reveles. Gracias porque viniste a «pregonar libertad a los cautivos, y vista a los ciegos; a poner en libertad a los oprimidos» (Lucas 4:18). Sin ti estoy cautiva de mis deseos, estoy ciega a la verdad y estoy oprimida. Sin embargo, contigo viene la libertad de todo eso. «En tu mano están mis tiempos; líbrame de la mano de mis enemigos y de mis perseguidores» (Salmo 31:15).

Sé que mi liberación viene de ti. Gracias porque tú me sacaste «de las muchas aguas» y me liberaste «de mi poderoso enemigo» (Salmo 18:16-17). Ayúdame a estar firme en la libertad con que Cristo me hizo libre, y ayúdame a no volver a estar sujeta con ningún yugo de esclavitud (Gálatas 5:1).

Clamo a ti, Señor, y te pido que me liberes de cualquier cosa que me ate o me separe de ti. En especial te pido que me liberes de (nombra una esfera específica de tu vida donde quieras liberación). Donde haya abierto la puerta al enemigo con mis propios deseos, muéstramelo para que pueda volverme y vivir en obediencia a tus caminos. Dame sabiduría para andar por el buen camino y fortaleza para levantarme por encima de las cosas que me derriban (Proverbios 28:26).

Sé que aunque camino en la carne, no peleo según la carne «porque las armas de nuestra milicia no son carnales, sino poderosas en Dios para la destrucción de fortalezas» (2 Corintios 10:3-4). En el nombre de Jesús, oro para que cada fortaleza que el enemigo erige a mi alrededor sea derribada por completo. Cambia las tinieblas en luz delante de mí y el camino escabroso en llanura (Isaías 42:16). Sé que el que comenzó en mí la buena obra la completará (Filipenses 1:6). Dame paciencia para no renunciar y fortaleza para permanecer firme en tu Palabra.

 *PROMESAS DE DIOS PARA MÍ*

Claman los justos, y el SEÑOR los oye, y los libra de todas sus angustias.

SALMO 34:17, LBLA

Invócame en el día de la angustia; te libraré, y tú me honrarás.

SALMO 50:15

Yo te daré las llaves del reino de los cielos; y lo que ates en la tierra, será atado en los cielos; y lo que desates en la tierra, será desatado en los cielos.

MATEO 16:19, LBLA

El que confía en su propio corazón es un necio, pero el que anda con sabiduría será librado.

PROVERBIOS 28:26, LBLA

Por cuanto en mí ha puesto su amor, yo también lo libraré; le pondré en alto, por cuanto ha conocido mi nombre.

SALMO 91:14

CAPÍTULO VEINTE

Señor, libérame de emociones negativas

ntes pensaba que vivir con ansiedad, depresión, miedo y desesperanza era una forma de vida. *Esa es mi forma de ser*, pensaba. Y cuando conocí al Señor y empecé a vivir a su manera, comencé a ver que *todas* las cosas eran posibles para los que creían y obedecían a Dios. Hasta es posible vivir sin emociones negativas. Si se lo pedimos, Dios las va a eliminar de nosotros como si nos quitara de encima una gruesa frazada mojada. Aun así, tenemos que orar.

¿Alguna vez te sentiste como si Dios te hubiera olvidado? Bueno, si lo hiciste, no estás sola. En realidad, tienes muy buena compañía. No solo millones de personas se sienten de esa manera ahora mismo, sino que Jesús también se sintió una vez así. En el momento más difícil de su vida, Jesús dijo: «Dios mío, Dios mío, ¿por qué me has desamparado?» (Mateo 27:46). Todos tenemos tiempos difíciles. Tiempos en que nos sentimos solos y abandonados por completo. Y la verdad es que no lo estamos. Dios está con nosotros para ayudarnos cuando lo llamamos. En medio de esos momentos, no tenemos que dejarnos controlar por nuevas emociones negativas. Podemos resistir orando y sabiendo lo que la Palabra de Dios dice acerca de ellas.

Siete formas de liberarse
de emociones negativas

1. *Niégate a estar ansiosa.* No importa qué problemas tengamos en nuestra vida, Jesús los superó. «En el mundo tendréis aflicción; pero confiad, yo he vencido al mundo» (Juan 16:33). Podemos liberarnos de la ansiedad simplemente pasando tiempo con Él. «Cuando mis inquietudes se multiplican dentro de mí, tus consuelos deleitan mi alma» (Salmo 94:19, LBLA).

Cuando estás ansiosa, significa que no estás confiando en que Dios se hará cargo de ti. Sin embargo, el Señor demostrará su fidelidad si corres a Él. «No anden afligidos, buscando qué comer y qué beber. Porque todas estas cosas son las que preocupan a la gente del mundo, pero ustedes tienen un Padre que ya sabe que las necesitan. Ustedes pongan su atención en el reino de Dios, y recibirán también estas cosas» (Lucas 12:29-31, DHH). Dios dice que no necesitamos estar ansiosas por *nada*; solo necesitamos orar por *todo*.

2. *Niégate a que te domine el enojo.* Cuando con frecuencia le damos lugar al enojo, este cierra todo lo que Dios tiene para nosotras, de la misma manera que la presión en una manguera corta el flujo de agua. Muchísimas veces he visto que esto pasa en las personas. En el momento en que Dios se mueve en sus vidas de una manera poderosa, se entregan al enojo y cortan todo. Cuando le damos lugar al enojo en nuestra alma, le abrimos la puerta al pecado y al diablo. «Si se enojan, no pequen; que el enojo no les dure todo el día. No le den oportunidad al diablo» (Efesios 4:26-27, DHH).

Una persona enojada afecta a todos los que la rodean y cometen serios errores como resultado. «El hombre iracundo levanta contiendas, y el furioso muchas veces peca» (Proverbios 29:22). ¿Cuántos hombres enojados maltratan a sus esposas, e incluso las matan, y destruyen su vida para siempre a causa de esto? ¿Cuántas mujeres enojadas destruyen sus relaciones y sus familias y sacrifican el destino que Dios tiene para ellas? Solo los tontos se enojan con rapidez. Las personas con sabiduría no quieren pagar el precio. «No te apresures en tu espíritu a enojarte; porque el enojo reposa en el seno de los necios» (Eclesiastés 7:9). Pídele a Dios que te mantenga libre de enojo a fin de que logres permanecer en el flujo de todo lo que Dios tiene para ti.

3. *Niégate a sentirte insatisfecha.* Es fácil enfocarse en lo negativo y ver todo lo que está mal en tu vida. Sin embargo, cuando estamos con una constante inquietud porque nunca estamos en paz, no solo nos sentimos miserables *nosotras,* sino que hacemos miserables a todos los que nos rodean. No hay nada de malo con desear que las cosas sean diferentes cuando deben ser así, pero cuando esta actitud se convierte en una forma de vida, sacrificamos nuestra paz. Cada vez que te sientas desalentada por tus circunstancias, recuerda que el apóstol Pablo dijo: «He aprendido a contentarme, cualquiera que sea mi situación. Sé vivir humildemente, y sé tener abundancia; en todo y por todo estoy enseñado, así para estar saciado como para tener hambre, así para tener abundancia como para padecer necesidad. Todo lo puedo en Cristo que me fortalece» (Filipenses 4:11-13).

Dios te promete descanso. «Por tanto, queda un reposo para el pueblo de Dios» (Hebreos 4:9). Es posible encontrar contentamiento, descanso, paz y gozo en cualquier situación. Dile a Dios que esa es tu meta y que necesitas que te ayude.

4. *Niégate a ser envidiosa.* Cuando pones tus ojos en alguien más y en lo que *ella* tiene en lugar de ponerlos en el Señor y en lo que tiene *Él,* un espíritu codicioso está a punto de hacer tu vida miserable. «Porque donde hay celos y contención, allí hay perturbación y toda obra perversa. Pero la sabiduría que es de lo alto es primeramente pura, después pacífica, amable, benigna, llena de misericordia y de buenos frutos, sin incertidumbre ni

hipocresía» (Santiago 3:16-17). No te permitas tener pensamientos tales como: «Si solo tuviera *su* cabello... *su* rostro... *su* cuerpo... *su* ropa... *su* talento... *sus* dones... *su* esposo... *sus* hijos... *su* riqueza... *su* suerte... *sus* bendiciones». Dirige en su lugar tus pensamientos a Jesús. Piensa en *su* belleza, en *sus* riquezas, *sus* talentos, *su* naturaleza, *su* provisión, *su* ayuda y *su* poder. Agradécele por la rica herencia que tienes en Él, y dile que no puedes esperar para experimentarlo todo.

La codicia comenzó cuando Caín quiso lo que tenía Abel y lo mató por eso. Como resultado sufrió el resto de su vida. «Habiendo entre vosotros celos, contiendas y disensiones, ¿no sois carnales, y andáis como hombres?» (1 Corintios 3:3). No queremos sufrir por el resto de la vida a causa de la codicia. El precio que pagamos por la envidia es demasiado alto. «El corazón apacible es vida de la carne; mas la envidia es carcoma de los huesos» (Proverbios 14:30). Pídele a Dios que su amor se manifieste en ti y a través de ti en todo momento. «El amor es sufrido, es benigno; el amor no tiene envidia, el amor no es jactancioso, no se envanece» (1 Corintios 13:4).

5. *Niégate a estar deprimida.* De todas las emociones negativas, creo que la depresión es la más aceptada como parte de nuestra vida. Muchas de nosotras vivimos con depresión y lo aceptamos sin siquiera darnos cuenta. Nos parece natural porque nos resulta muy conocida. Sin embargo, Dios no quiere que lo aceptemos como una forma de vida.

Muchas personas en la Biblia comprendieron qué se experimenta con la depresión. «Me he consumido a fuerza de gemir; todas las noches inundo de llanto mi lecho, riego mi cama con mis lágrimas. Mis ojos están gastados de sufrir; se han envejecido a causa de todos mis angustiadores» (Salmo 6:6-7). «El escarnio ha quebrantado mi corazón, y estoy acongojado. Esperé quien se compadeciese de mí, y no lo hubo; y consoladores, y ninguno hallé» (Salmo 69:20). «Lloro de sufrimiento; tengo el corazón agobiado de pena; aliéntame y anímame con tus palabras» (Salmo 119:28, LBD). ¿Algo de esto te parece conocido? La buena noticia es que Dios no quiere que vivamos con estos sentimientos. Quiere que el gozo del Señor se levante en nuestra vida y que eche fuera los espíritus que nos agobian. «¡Apártense de mí, todos los malhechores, que el Señor ha escuchado mi llanto! El Señor ha escuchado mis ruegos; el Señor ha tomado en cuenta mi oración» (Salmo 6:8-9, NVI).

6. *Niégate a estar amargada.* La amargura te quema el cuerpo y el alma de la manera que el ácido se come la piel. Cuando una raíz de amargura toma tu vida, te consume y corta las bendiciones de Dios. «Porque en hiel de amargura y en prisión de maldad veo que estás» (Hechos 8:23). Cuando a cada momento nos vienen pensamientos tales como: «¿Hasta cuándo pondré consejos en mi alma, con tristezas en mi corazón cada día? ¿Hasta cuándo será enaltecido mi enemigo sobre mí?» (Salmo 13:2), tenemos amargura que crece en nosotros como el cáncer. No obstante, podemos identificar esos pensamientos y negarnos a darles lugar. Podemos pedirle a Dios que nos ayude a resistirlos. «Mirad bien, no sea que alguno deje de alcanzar la gracia de Dios; que brotando alguna raíz de amargura, os estorbe, y por ella muchos sean contaminados» (Hebreos 12:15).

Ora para que Dios te libere de cualquier amargura. Pídele que te dé un espíritu de agradecimiento, de alabanza y adoración. Pídele al Espíritu Santo que quite de tu corazón todo lo que no sea de Dios.

7. *Niégate a estar desesperada.* La desesperación es una asesina lenta que al final afectará la salud de tu cuerpo y tu alma. Aunque cuando a propósito decides poner tu esperanza en el Señor, Él satisface todas tus necesidades y se lleva la desesperación. De la misma manera que podemos elegir qué actitud vamos a tener

cada día, podemos optar por poner nuestra esperanza en Dios. Podemos proteger nuestra alma. «Espinas y trampas hay en la senda de los impíos, pero el que cuida su vida se aleja de ellas» (Proverbios 22:5, NVI). La desesperación es muerte para nuestra alma. Niégate a vivir con ella. No importa qué tan mal parezcan ponerse las cosas en tu vida, *siempre* tienes esperanza en el Señor. Pídele a Dios que té de su esperanza para tu futuro y una actitud de agradecimiento cada día de tu vida.

Las emociones negativas revelan duda. Si en verdad confiamos en Dios, ¿por qué vamos a estar ansiosas? ¿Por qué nos vamos a estar enojadas, insatisfechas, envidiosas, deprimidas, amargada y sin esperanza? Sin embargo, todas somos propensas a experimentar estas emociones en algún momento de nuestra vida. Así que no te sientas mal por experimentarlas, pero tampoco vivas con ellas. Niégate a permitir que la fealdad de las emociones negativas estropee la belleza de la vida que Dios tiene para ti.

~ Mi oración a Dios ~

Señor, ayúdame a vivir en tu paz y en tu gozo. Dame la fortaleza y el entendimiento para resistir la ansiedad, el enojo, la falta de paz, la envidia, la depresión, la amargura, la desesperación, la soledad, el temor y la culpa. Rescátame cuando sienta que «en mí languidece mi espíritu», que «mi corazón está consternado dentro de mí» (Salmo 143:4, LBLA). Me niego a que mi vida se venga abajo por emociones negativas como estas. Sé que tienes una calidad de vida mejor que esta para mí. Cuando esté tentada a ceder ante ellas, muéstrame tu verdad.

Has dicho en tu Palabra que con paciencia ganaremos nuestra alma (Lucas 21:19). Dame paciencia a fin de que logre hacer esto. Ayúdame a guardar mi corazón «con toda diligencia» porque sé que «de él brotan los manantiales de la vida» (Proverbios 4:23). Ayúdame a no ser insegura ni egocéntrica para que no pierda las oportunidades de enfocarme en ti y extender tu amor. Que pueda ser sensible a las necesidades, las debilidades y las luchas de los demás y no hipersensible a las mías. Lo que lograste en la cruz es la fuente de mi mayor gozo. Ayúdame a concentrarme en esto.

«El enemigo ha perseguido mi alma, ha aplastado mi vida contra la tierra; me ha hecho morar en lugares tenebrosos, como los que hace tiempo están muertos. Y en mí languidece mi espíritu; mi corazón está consternado dentro de mí. Me acuerdo de los días antiguos, en todas tus obras medito, reflexiono en la obra de tus manos. A ti extiendo mis manos; mi alma te anhela como la tierra sedienta. Respóndeme pronto, oh SEÑOR, porque mi espíritu desfallece; no escondas de mí tu rostro, para que no llegue yo a ser como los que descienden a la sepultura.

Por la mañana hazme oír tu misericordia, porque en ti confío; enséñame el camino por el que debo andar, pues a ti elevo mi alma» (Salmo 143:3-8, LBLA). Gracias, Señor, porque puedo llamarte en mi angustia. Y cuando clamo a ti, oh Señor, tú escuchas mi voz y me respondes (Salmo 18:6). Que el gozo de conocerte llene mi corazón con felicidad y paz.

⤚✥∾ *PROMESAS DE DIOS PARA MÍ* ∾✥⤙

No se inquieten por nada; más bien, en toda ocasión, con oración y ruego, presenten sus peticiones a Dios y denle gracias. Y la paz de Dios, que sobrepasa todo entendimiento, cuidará sus corazones y sus pensamientos en Cristo Jesús.

FILIPENSES 4:6-7, NVI

Entonces en su angustia clamaron al SEÑOR y Él los salvó de sus aflicciones; los sacó de las tinieblas y de la sombra de muerte y rompió sus ataduras.

SALMO 107:13-14, LBLA

Venid a mí todos los que estáis trabajados y cargados, y yo os haré descansar. Llevad mi yugo sobre vosotros, y aprended de mí, que soy manso y humilde de corazón; y hallaréis descanso para vuestras almas; porque mi yugo es fácil, y ligera mi carga.

MATEO 11:28-30

Claman los justos, y Jehová oye, y los libra de todas sus angustias. Cercano está Jehová a los quebrantados de corazón; y salva a los contritos de espíritu.

SALMO 34:17-18

Los que esperan a Jehová tendrán nuevas fuerzas; levantarán alas como las águilas; correrán, y no se cansarán; caminarán, y no se fatigarán.

ISAÍAS 40:31

CAPÍTULO VEINTIUNO

Señor, consuélame en tiempo de problemas

ada vez que despego en un avión en un día gris, triste, de lluvia, siempre me sorprendo de que podamos volar a través de las húmedas y oscuras nubes, tan gruesas que no se puede ver nada a través de la ventanilla, y que de pronto nos levantemos por encima de todo eso y veamos por kilómetros. Allí arriba el cielo es claro, azul y soleado. Me olvido que no importa qué tan mala se ponga la tormenta, es posible volar por encima de ella donde todo está bien.

Nuestra vida espiritual y emocional es muy parecida. Cuando las oscuras nubes de prueba, luchas, dolor o sufrimiento avanzan y nos cubren de tal manera que apenas somos capaces de ver delante de nosotros, es fácil olvidar que hay un lugar de calma, luz, claridad y paz al que podamos subir. Si tomamos la mano de Dios en esos momentos difíciles, Él nos levantará por encima de las circunstancias hacia un lugar de bienestar, amor y seguridad que tiene para nosotros.

Uno de mis nombres favoritos para el Espíritu Santo es Consolador (Juan 14:26). De la misma manera que no le tenemos que rogar al sol que ilumine, tampoco le tenemos que rogar al Espíritu Santo que nos consuele. Él *es* consuelo. Simplemente tenemos que separarnos de todo lo que nos separa de su lado.

Tenemos que orar a fin de que cuando atravesemos por tiempos de dificultad, nos haga sentir más su consuelo.

Todos enfrentamos tiempos difíciles en algún momento u otro. El dolor y la pérdida son parte de la vida. Hay muchas diferentes razones por las que esto ocurre, pero Dios está siempre allí para hacer algo bueno de ello si así se lo pedimos. Si comprendemos las diferentes posibilidades de nuestro dolor, nos ayudará a superarlo y a ver crecer nuestra fe en medio de esto.

CUATRO BUENAS RAZONES PARA TIEMPOS DIFÍCILES

1. *Algunas veces nos suceden cosas difíciles para que la gloria y el poder de Dios se revele en nosotras y a través de nosotras.* Cuando Jesús pasó junto a un hombre que era ciego de nacimiento, sus discípulos le preguntaron si estaba así por sus pecados o por los pecados de sus padres. Jesús les respondió: «No es que pecó este, ni sus padres, sino para que las obras de Dios se manifiesten en él» (Juan 9:3). Tal vez no entendamos por qué sucedieron ciertas cosas en su momento y jamás sepamos por qué tuvimos que pasar por ellas hasta que vayamos con el Señor, pero cuando nos volvemos a Dios en medio de las dificultades, la gloria de Dios se verá a través de ella y de nosotras.

2. *Dios usa los tiempos difíciles para purificarnos.* La Biblia dice: «Puesto que Cristo ha padecido por nosotros en la carne, vosotros también armaos del mismo pensamiento; pues quien ha padecido en la carne, terminó con el pecado» (1 Pedro 4:1). Esto significa que nuestro sufrimiento durante tiempos difíciles quemará el pecado y el egoísmo en nuestra vida. Dios permite el dolor para que aprendamos a vivir para Él y no para nosotros mismos. A fin de que sigamos su propósito y no el nuestro. No es placentero en el momento, pero el deseo de Dios es «que

participemos de su santidad» (Hebreos 12:10). Quiere que dejemos las cosas que codiciamos y nos aferremos a lo que es más importante en la vida: Él.

3. *A veces nuestro sufrimiento se debe a que Dios nos disciplina.* «Ninguna disciplina al presente parece ser causa de gozo, sino de tristeza; pero después da fruto apacible de justicia a los que en ella han sido ejercitados» (Hebreos 12:11). Los frutos que producen esta disciplina divina y esta poda valen los problemas que tuvimos que atravesar para obtenerlos, y debemos ser cuidadosas en no resistirlos ni aborrecerlos. «Hijo mío, no menosprecies la disciplina del Señor, ni desmayes cuando eres reprendido por él; porque el Señor al que ama, disciplina, y azota a todo el que recibe por hijo» (Hebreos 12:5-6).

4. *A veces estamos atrapadas en medio del trabajo del enemigo.* El deleite del enemigo es hacerte desdichada y tratar de destruir tu vida. Con frecuencia la angustia, la tristeza, la amargura, el dolor y el quebranto se deben por completo a su obra y no es falta tuya ni de ningún otro. Tu consuelo es saber que al alabar a Dios en medio de ello, Él vencerá al enemigo y transformará las circunstancias en bien más allá de lo que seas capaz de imaginar. Dios quiere que camines en fe mientras te guía a través de las situaciones y te enseña a confiar en Él en medio de ellas.

Nadie quiere escuchar sobre lo bueno que son el dolor y el sufrimiento para nosotras. Cuando estamos en medio de problemas, tragedias, pérdidas, devastación o desilusión, nos sentimos terriblemente heridas y nos es imposible pensar más allá del dolor. Sin embargo, el Espíritu Santo está allí para ayudarnos. En otras traducciones de la Biblia se dice que Él es nuestro Ayudador: «Y yo le pediré a Dios el Padre que les envíe al Espíritu Santo, para que siempre los ayude y siempre esté con ustedes. Él les enseñará lo que es la verdad» (Juan 14:16-17, BLS). Cuando nos volvemos al Espíritu Santo por ayuda y consuelo, no solo nos dará ayuda, sino también una porción mayor de su presencia de lo que jamás hayamos tenido. Seremos bienaventuradas cuando lloramos, porque el Consolador nos consolará (Mateo 5:4).

Cuando mi amiga murió a causa de un cáncer de mama hace algunos años atrás, yo estaba devastada por el dolor. Habíamos sido amigas desde el preuniversitario, y no sabía cómo lograría sobrevivir a la pérdida. El día después del funeral fue el más doloroso de todos. La realidad me golpeó y no pude parar de llorar. Además, junto con mis hijos de seis y diez años de edad, ahora tenía un niño de ocho años del cual hacerme cargo también. Le pedí a Dios que me quitara la angustia a fin de que pudiera funcionar lo bastante bien como para ayudarlo a enfrentar su pérdida. Dios contestó esa oración cada día al volverme a Él por fortaleza y consuelo.

Cada vez que te levantes por encima del dolor en tu vida y encuentres la bondad, la claridad, la paz y la luz del Señor allí, tu fe crecerá. Dios te buscará en medio de tu dolor y no solo te perfeccionará, sino que también hará crecer tu compasión por los sufrimientos de los demás. Al continuar viviendo en la presencia del Señor, su gloria se revelará en ti.

~ Mi oración a Dios ~

Señor, ayúdame a recordar que no importa qué tan oscura se vuelva mi situación, tú eres la luz de mi vida y nunca te apagas. No importa qué tan oscuras sean las nubes que cubran mi vida, tú me levantarás por encima de la tormenta y en el consuelo de tu presencia. Solo tú puedes tomar cualquier pérdida que experimente y llenar ese espacio vacío con bien. Solo tú puedes llevar el peso de mi dolor y secar mis lágrimas. «Respóndeme cuando clamo, oh Dios de mi justicia. Cuando estaba en angustia, tú me hiciste ensanchar; ten misericordia de mí, y oye mi oración» (Salmo 4:1).

En tiempos de dolor, sufrimiento o prueba, oro para que me des un sentir más profundo de tu presencia. Quiero crecer más fuerte en este tiempo y no más débil. Quiero crecer en fe y no que me invada la duda. Quiero tener esperaza en medio de esto y no entregarme a la desesperación. Quiero permanecer firme en tu verdad y no que me arrasen las emociones.

Gracias porque no tengo que tener temor de las malas noticias porque mi corazón está firme, confiando en ti (Salmo 112:7). Gracias porque «tú has librado mi alma de la muerte, mis ojos de lágrimas, y mis pies de resbalar» (Salmo 116:8). Gracias porque camino delante de ti con esperanza en mi corazón y vida en mi cuerpo. Gracias porque «no moriré, sino que viviré, y contaré las obras del SEÑOR» (Salmo 118:17, LBLA). Aun cuando «de tristeza llora mi alma», oro para que tú me fortalezcas «conforme a tu palabra» (Salmo 119:28, LBLA).

Ayúdame a que recuerde darte gracias en todas las cosas, sabiendo que tú reinas en medio de ellas. Recuérdame que me redimiste y que soy tuya y nada es más importante que eso. Sé que cuando pase por las aguas, tú estarás conmigo y los ríos no me anegarán. Cuando pase por el fuego no me quemaré y ninguna llama arderá en mí (Isaías 43:1-2). Puesto que eres un Dios bueno y enviaste a tu Santo Espíritu a consolarme y ayudarme. Oro para que tú, oh Dios de la esperanza, me llenes de paz y gozo y fe para que abunde «en esperanza por el poder del Espíritu Santo» (Romanos 15:13). Gracias porque enviaste a tu Espíritu Santo para ser mi Consolador y mi Ayudador. Recuérdamelo en medio de los tiempos difíciles.

PROMESAS DE DIOS PARA MÍ

Amados, no os sorprendáis del fuego de prueba que os ha sobrevenido, como si alguna cosa extraña os aconteciese, sino gozaos por cuanto sois participantes de los padecimientos de Cristo, para que también en la revelación de su gloria os gocéis con gran alegría.

1 Pedro 4:12-13

Mas el Dios de toda gracia, que nos llamó a su gloria eterna en Jesucristo, después que hayáis padecido un poco de tiempo, él mismo os perfeccione, afirme, fortalezca y establezca.

1 Pedro 5:10

Pon tu esperanza en el SEÑOR; ten valor, cobra ánimo; ¡pon tu esperanza en el SEÑOR!

Salmo 27:14, nvi

Bienaventurados los pobres en espíritu, porque de ellos es el reino de los cielos. Bienaventurados los que lloran, porque ellos recibirán consolación.

Mateo 5:3-4

El SEÑOR guardará tu salida y tu entrada desde ahora y para siempre.

Salmo 121:8, lbla

✑❧ CAPÍTULO VEINTIDÓS ❧✑

Señor, permíteme resistir la tentación del pecado

¿*P*or qué un hombre joven con todas las cosas yendo a su favor se arriesgaría a perderlo todo? Sé de un hombre en particular que era bien parecido, con talento musical, rico, prominente, tenía autoridad, una esposa y el favor de Dios. Además de todo esto, venció él solo a una de las peores amenazas del ejército de su nación. Sin embargo, cayó en la tentación y sucumbió a esta con uno de los mayores pecados.

Es obvio que el rey David tenía demasiado tiempo libre y no estaba donde se suponía que debía estar. Se encontraba en la terraza de su palacio mirando a la mujer de al lado darse un baño en lugar de ir a la guerra con sus hombres como lo hicieron los otros reyes. Su peor error no fue que cayó en la tentación, porque eso le puede pasar a cualquiera, sino que no se alejó y corrió de inmediato a Dios en arrepentimiento. Se quedó y miró. Y pensó y planeó. Dejó que su lujuria lo dominara en lugar de su Dios. Como resultado, se convirtió en asesino y adúltero, y terminó pagando por ello por el resto de su vida, hasta el punto de presenciar la muerte de su propio hijo.

Jesús también enfrentó la tentación. No obstante, hizo lo bueno y David no. David se dejó llevar por su lujuria y su carne, pero Jesús no. Jesús se mantuvo firme en la Palabra de Dios y David la olvidó.

He vivido lo suficiente, y estoy segura que tú también, como para haber visto a muchas personas, tanto hombres como mujeres, sacrificar sus vidas por entregarse a la tentación. Hay muchos tipos de tentación, al igual que hay muchos tipos de pecado. La que parece hacer tropezar a las personas con más frecuencia es la tentación sexual. He visto a personas talentosas sucumbir a la tentación sexual y renunciar a la vida prometedora que Dios tenía para ellas. Cayeron como meteoritos y se quemaron ellos mismos, cuando deberían haber sido estrellas brillando hoy. Aun cuando los hayan redimido y restaurado, nunca los he visto recuperar la unción y la gloria que alguna vez estuvo sobre ellos.

Cuando las personas caen en adulterio, la vida que *hubieran* tenido es sacrificada para siempre. Por supuesto, cuando se arrepienten reciben perdón y restauración, pero perdieron lo que *habrían* sido de no ocurrir el pecado. David recibió el perdón y la restauración, pero perdió lo que más amaba, su hijo, y su reinado se afectó a partir de ese momento con un desastre tras otro, incluyendo la destrucción de muchos seres queridos de su familia. Dios seguía amándolo, pero su pecado todavía tenía consecuencias. Las personas no se dan cuenta cuánto pierden cuando se entregan a la tentación sexual. Su luz nunca brillará con tanta intensidad como lo hubiera hecho de no entregarse a la lujuria de la carne.

Por la enorme cantidad de correspondencia que recibo, sé que la atracción impropia hacia una persona del sexo opuesto es la mayor tentación para muchos hombres y mujeres. A menudo esto no se concreta, pero aún se abriga en la mente. Y los pecados de la mente tienen serias consecuencias también. Los pecados sexuales comienzan con pensamientos tales como: «Esta es la persona de mi vida, no me importa si es casada». «Esto debe ser bueno o no me sentiría tan bien haciéndolo».

«Merezco tener lo que quiero». «Nadie lo sabrá». «Esto debe ser el destino».

No dejes que el diablo te robe todo lo que Dios tiene para ti por tentarte con estos pensamientos impuros. No es malo apreciar los talentos de un hombre, su bondad, brillantez o su apariencia, pero a menos que estés casada con él, recuerda que es tu hermano en el Señor. Si alguna vez te encuentras sintiendo cualquier tipo de atracción impura, confiésalo enseguida al Señor y pídele que te libere de ella. Luego dile a Satanás que descubriste su plan para destruirte y separarte de todas las cosas que Dios tiene preparadas para ti, y que no le vas a permitir hacerlo. Si es necesario, ora y ayuna para derribar esa fortaleza. No te detengas hasta que se haya ido. «Velad y orad, para que no entréis en tentación; el espíritu a la verdad está dispuesto, pero la carne es débil» (Mateo 26:41). Cuanto más se te haya dado, más se te acercará el enemigo a fin de intentar quitártelo. Prepárate para enfrentarlo con un conocimiento pleno de la Palabra de Dios.

Seis cosas buenas para recordar en cuanto a la tentación

1. *Quién*: La tentación le puede sobrevenir a cualquiera. No importa cuán espiritual y sólida piensas que eres, es posible que caigas en la tentación. Veo que las peores caídas ocurren en las personas que se enorgullecen de ser buenas cristianas. Se jactan por su fortaleza espiritual y santidad, y caen con más fuerza y sin arrepentimiento. No podemos dejar que nuestro orgullo espiritual sea nuestra perdición.

2. *Qué*: Cualquier cosa te puede tentar. Hoy en día la tentación más común es la sexual porque la oportunidad para ello está en todas partes. Sin embargo, hay otros tipos de lujuria. El dinero nos tienta. El poder nos tienta. El deseo nos tienta.

«Cada uno es tentado, cuando de su propia concupiscencia es atraído y seducido. Entonces la concupiscencia, después que ha concebido, da a luz el pecado; y el pecado, siendo consumado, da a luz la muerte. Amados hermanos míos, no erréis» (Santiago 1:14-16). El enemigo te tentará en tu punto más débil. Sea lo que sea el deseo de tu carne, pídele a Dios que te dé la fortaleza para resistirlo. Guarda tus esferas vulnerables con oración.

3. *Cuándo*: La tentación puede ocurrir en cualquier momento y a menudo sucede cuando menos la esperas y eres más susceptible. Cuando sucede, el peligro está en pensar que puedes resolverla sola. Es mejor llevarla ante Dios y confesarla de inmediato, y luego buscar a alguien confiable con quien orar por esto. No pienses que se irá sola. El riesgo es demasiado grande. Considerarlo es una amenaza seria, no importa cuándo suceda.

4. *Dónde*: La tentación puede ocurrir en cualquier lugar. En la iglesia, el trabajo, la casa, el ómnibus o el avión. Sucederá en el lugar que menos lo esperes. Donde sea que ocurra, aléjate de ella enseguida. Si el chocolate te tienta, no te pares en la puerta del negocio de dulces. Su aroma te enloquecerá y debilitará tu resistencia. Si te tienta cierto hombre, no estés cerca de él. O si debes estarlo, no estés a solas con él. Aléjate de la tentación y pídele a Dios que mate la lujuria en ti.

5. *Por qué*: El enemigo te tienta porque sabe las grandes cosas que Dios quiere hacer en tu vida, y porque piensa que eres lo bastante tonta como para perderlo por unos pocos minutos de placer. Sabe que no solo *tú* perderás por ello, sino que otras personas a tu alrededor se herirán también. Así que tiene el potencial de multiplicar sus victorias. Cuando veas sus trampas, dile que no vas a permitir que destruya tu vida ni la de nadie más.

6. *Cómo*: Tienes que recordar que no importa la manera en que te tienten, es una trampa del enemigo para derribarte. Buscará tu debilidad, necesidad o inseguridad y te tentará con lo que sea que le resulte más fácil tentarte. Esta es la mejor razón por la cual deshacerse de todas las inseguridades y convertirse en una persona íntegra. Elimina una de las maneras en que el enemigo tiene acceso a tu vida.

El mejor momento para orar en cuanto a la tentación es *antes* de caer en ella. Una vez que aparece el señuelo, resistir la tentación es mucho más difícil. El modelo de oración que Jesús nos enseñó es un buen lugar para empezar. «No nos dejes caer en tentación, sino líbranos del maligno» (Mateo 6:13, NVI). También podemos hacer lo mismo que Jesús y reprender al enemigo con la Palabra de Dios. Podemos estar «firmes en la libertad con que Cristo nos hizo libres» y no estar de nuevo «sujetos al yugo de esclavitud» (Gálatas 5:1). Podemos invocar el nombre del Señor «pues en cuanto él mismo padeció siendo tentado, es poderoso para socorrer a los que son tentados» (Hebreos 2:18). Jamás pienses que eres inmune a la tentación. Cuanto más grande eres, más te conviertes en blanco. Algunas personas caen cuando son mayores porque piensan que pueden con la tentación. Tú no quieres ser ese tipo de persona que cree por un tiempo y cuando llega la tentación cae (Lucas 8:13). Jesús instruyó a sus discípulos: «Velad y orad, para que no entréis en tentación». Tú debes hacer lo mismo.

La tentación de Jesús ocurrió justo antes de que comenzara su ministerio. Te sucederá también a ti antes de los importantes avances en tu vida. Prepárate para esto. Y recuerda que no importa cuán grande sea la tentación que enfrentes, «mayor es el que está en vosotros, que el que está en el mundo» (1 Juan 4:4). Tienes el poder para vencerla.

~ Mi oración a Dios ~

Señor, ayúdame a ser fuerte en mi mente y en mi espíritu y a no caer en las trampas del enemigo. No permitas que caiga en tentación, sino líbrame del mal y sus planes para mi caída. El campo que más me preocupa es (nombra el campo en el que te pueden tentar). En el nombre de Jesús, rompo cada atadura que la tentación tenga sobre mí. Guárdame firme y permíteme resistir cualquier cosa que tal vez me tiente a fin de que me aleje de todo lo que tú tienes para mí.

Oro para que no tenga pensamientos secretos en los cuales abrigar deseos impuros para hacer o decir cosas que no deba. Oro para no tener una vida secreta donde haga cosas que me avergonzaría que otros vean. No quiero participar en las infructuosas obras de las tinieblas, sino más bien exponerlas a la luz (Efesios 5:11). Haz caminos derechos para mis pies (Hebreos 12:13). No permitas que el enemigo me asalte por sorpresa.

Sé que tú no eres «Dios de confusión, sino de paz» (1 Corintios 14:33). Ayúdame a no caer en ninguna confusión respecto a esto. Ayúdame a guardar tu Palabra en mi corazón para que pueda ver con claridad y no peque contra ti de ninguna forma (Salmo 119:11). Por el poder de tu Espíritu en mí no permitiré que el pecado me domine ni que me lleve a obedecer los deseos de la carne (Romanos 6:12).

Gracias, Señor, porque estás cerca de todos los que a ti claman, y porque cumplirás los deseos de los que te temen. Gracias porque has oído mi súplica y me librarás de cualquier debilidad que pueda guiarme a apartarme de todo lo que tienes para mí (Salmo 145:18-19). Gracias porque tú sabes cómo «librar de tentación a los piadosos»

(2 Pedro 2:9). Gracias porque me liberarás de todas las tentaciones y las mantendrás lejos de mí.

✦ *PROMESAS DE DIOS PARA MÍ* ✦

Bienaventurado el varón que soporta la tentación; porque cuando haya resistido la prueba, recibirá la corona de vida, que Dios ha prometido a los que le aman.

SANTIAGO 1:12

No os ha sobrevenido ninguna tentación que no sea humana; pero fiel es Dios, que no os dejará ser tentados más de lo que podéis resistir, sino que dará también juntamente con la tentación la salida, para que podáis soportar.

1 CORINTIOS 10:13

Despojémonos del lastre que nos estorba, en especial del pecado que nos asedia, y corramos con perseverancia la carrera que tenemos por delante. Fijemos la mirada en Jesús, el iniciador y perfeccionador de nuestra fe, quien por el gozo que le esperaba, soportó la cruz, menospreciando la vergüenza que ella significaba, y ahora está sentado a la derecha del trono de Dios.

HEBREOS 12:1-2, NVI

Hermanos míos, tened por sumo gozo cuando os halléis en diversas pruebas, sabiendo que la prueba de vuestra fe produce paciencia. Mas tenga la paciencia su obra completa, para que seáis perfectos y cabales, sin que os falte cosa alguna.

SANTIAGO 1:2-4

Por tanto, el que cree que está firme, tenga cuidado, no sea que caiga.

1 CORINTIOS 10:12, LBLA

CAPÍTULO VEINTITRÉS

Señor, sáname y ayúdame a cuidar mi cuerpo

Hace dos años estuve a punto de morir. Por meses había estado sintiéndome muy mal de mi parte abdominal, y entraba y salía de diferentes salas de emergencia y hospitales, viendo diferentes doctores y especialistas, pero nadie encontraba lo que estaba mal en mí. Una y otra vez los exámenes probaban que estaba todo lo saludable que era posible. Nadie descubría por qué me sentía tan mal.

En medio de la peor de las noches que haya experimentado en mi vida, sentí que algo estallaba en mi cuerpo con tal fuerza que sabía que moriría si no encontraba auxilio. Mi esposo me llevó corriendo al hospital a las tres y media de la mañana porque no tenía tiempo de esperar a la ambulancia. Sin embargo, luego permanecí acostada por horas en una camilla en la sala de emergencias rogando que alguien me ayudara y diciéndoles a las personas que iba a morir si no había nadie que hiciera algo pronto. Me practicaron los mismos estudios de tantas veces antes, y seguían sin encontrar qué andaba mal. Mi esposo oraba sin cesar por mí, y cuando mi hermana Susan y mi amiga Roz llegaron al hospital, ellas oraron también. Además, llamaron a otras personas para que oraran a fin de que se descubriera qué era lo que pasaba y pudieran hacer algo. Lo único que yo podía orar era: «Señor, ayúdame».

En un momento le dije a Dios: «¿Es este mi tiempo de morir?». Y no sentí que Dios dijera que lo era. Es más, sentí que me decía que todavía había cosas que Él quería que hiciera.

No fue hasta ocho horas después que ingresé al hospital que un especialista llamó un cirujano lo bastante valiente para decir: «Basado en los estudios, no puedo decir qué le está pasando, pero creo que tiene apendicitis. La voy a operar de inmediato y, si estoy equivocado, descubriré cuál es el problema».

Tenía razón. Después de la cirugía, el doctor dijo: «Una hora más y hubiera entrado en un coma de choque tóxico, y no hubiera podido salvar su vida». Sabía que Dios había contestado nuestras oraciones y que este cirujano era una parte importante de esta respuesta.

Por las siguientes dos semanas, estuve conectada a tubos y a una máquina y soporté un dolor que hizo que los dolores de parto parecieran placenteros. Ni siquiera la aplicación constante de morfina alejaba el dolor. Cuando una mañana vino el doctor a revisarme, le pregunté por qué había sucedido esto.

«¿Hice algo mal?», le pregunté. «¿Tomé demasiadas vitaminas? ¿Tomé muy pocas? ¿Tomé las equivocadas? Siempre traté de cuidarme bien. ¿Pude haber hecho algo para evitar esto?»

«No había nada que pudiera hacer para prevenirlo», me dijo. «Es probable que sea genético y que sea hereditario en su familia».

Tenía razón otra vez. Había muchas personas en mi familia que experimentaron este mismo problema, solo que a una edad más temprana que yo. Es más, pensé que nada de esto me ocurriría a mí después que pasé la edad en que les había sucedido a otros miembros de mi familia. Me di cuenta de que no importa cuánto tratemos de hacer las cosas bien, no siempre podemos prevenir que cosas como estas le pasen a tu cuerpo. Debemos cuidarnos lo mejor posible, pero siempre necesitaremos a Dios como nuestro Sanador.

DOS ASUNTOS DISTINTOS

Salud y cuidado del cuerpo son dos cosas diferentes. Cuando le pides a Dios que te sane, es algo que hace *Él*. Cuidar tu cuerpo es algo que haces *tú*. Los dos son de vital importancia.

Dios sabe que somos una especie caída y que no podemos hacer nada a la perfección. Por eso es que envió a Jesús para que fuera nuestro Sanador. Aun así, también nos llama a que seamos buenos administradores de todo lo que nos dio, incluyendo nuestro cuerpo. Nos pide que vivamos en equilibrio y moderación y que cuidemos de no abusar de nuestro cuerpo en ninguna manera. Quiere que lo glorifiquemos en el cuidado de nuestro cuerpo porque somos el templo de su Espíritu Santo.

Muchas de nosotras tendemos a pensar: «Todo lo que tengo es del Señor, excepto mis hábitos de alimentación y de ejercicios. Esos son míos». O pensamos: «Mi vida es del Señor, pero el cuerpo es mío y puedo hacer con él todo lo que me haga sentir bien». Sin embargo, cuando somos del Señor, tenemos que entregarle nuestro cuerpo junto con todo lo demás. Cuidar nuestro cuerpo no es algo que podamos hacer con éxito separadas de Dios.

La motivación de lo que hacemos en el aspecto de cuidar nuestro cuerpo es muy importante. Influirá en qué tanto éxito logremos. Si comemos bien y hacemos ejercicio solo para vernos bien en nuestra ropa, no será suficiente para sustentarnos al ir envejeciendo. Y si comemos bien y hacemos ejercicios como es debido para estar más vitales, sanas, con más energía y para poder ser mejores siervas del Señor, eso tiene consecuencias eternas y hay más posibilidades que lo adoptemos para siempre.

He escuchado a algunas personas decir: «No me preocupo por cuidar mi cuerpo porque el Señor puede sanarme cuando me enfermo». Esta forma de pensar es presuntuosa y quizá nos meta en problemas. El plan de Satanás para nuestra vida es hacer lo que más nos dañe. Con este tipo de actitud lo estamos ayudando. Saboteamos nuestra vida al no hacer lo que es mejor para nuestro cuerpo y nuestra salud. Pídele a Dios que te ayude a resistir lo que es malo para ti y a ser lo bastante disciplinada para hacer lo que es bueno. Dios te ama y te valora. Él te creó. Tú estás donde habita el Espíritu Santo. Él quiere que te ames y te valores lo suficiente como para cuidar bien tu cuerpo.

En contacto con tu Sanador

A pesar de todos nuestros mejores esfuerzos, sin embargo, todavía podemos enfermarnos. Podemos hacer todo lo que sabemos y aun así enfermarnos seriamente. Eso se debe a que sin que sea nuestra culpa, heredamos predisposiciones y debilidades de nuestros ancestros. Podemos estar expuestas a cosas que ni sabemos en este momento que pueden causar enfermedades horribles. Podemos tener accidentes. Dios sabía todo esto, por eso envió a Jesús como nuestro Sanador. Su toque sanador es la misericordia de Dios hacia nosotros.

En la Biblia, se cuenta de personas que se sanaron con solo *tocar* a Jesús. «Dondequiera que entraba, en aldeas, ciudades o campos, ponían en las calles a los que estaban enfermos, y le rogaban que les dejase tocar siquiera el borde de su manto; y todos los que le tocaban quedaban sanos» (Marcos 6:56). Nosotras también debemos tocarlo para encontrar sanidad. La forma de tocarlo es pasar tiempo en su presencia. Pídele a Dios que te sane, y luego confía que Él lo hará a *su* manera y en *su* tiempo. Asóciate con el Señor en el cuidado de tu cuerpo, sabiendo que, a pesar de que tú lo cuidas, Él es el Sanador.

~ Mi oración a Dios ~

Señor, te doy gracias porque eres mi Sanador. Te busco para que me sanes cada vez que estoy enferma o herida. Oro para que me fortalezcas y me sanes hoy. En especial oro por (nombra cualquier cosa en que necesites la sanidad del Señor). Sáname para que se cumpla «lo dicho por el profeta Isaías, cuando dijo: Él mismo tomó nuestras enfermedades, y llevó nuestras dolencias» (Mateo 8:17). Tú sufriste, moriste y fuiste sepultado por mí, a fin de que tuviera sanidad, perdón y vida eterna. Por tus llagas fui sanada (1 Pedro 2:24). Sé que en tu presencia voy a encontrar sanidad. En tu presencia puedo extender mi mano y tocarte y que tú me toques.

Solo tú sabes lo que es mejor para mí y lo que no lo es, así que te pido que me lo reveles. Quita toda confusión e información conflictiva, e instrúyeme en qué comer y qué evitar. No puedo hacer esto sin ti, Señor, porque tú solo sabes cómo me creaste. Dame una firme habilidad para disciplinarme en cuanto a qué comer y tomar y cómo hacer ejercicio. Permíteme que discipline mi cuerpo y lo traiga a sujeción (1 Corintios 9:27).

Señor, tú has dicho en tu Palabra: «Mi pueblo fue destruido, porque le faltó conocimiento» (Oseas 4:6). No quiero que me destruyan por falta de conocimiento sobre lo que es bueno hacer. Enséñame y ayúdame a aprender. Dirígeme hacia personas que me ayuden y aconsejen. Permíteme seguir sus sugerencias y consejos. Cuando esté enferma y necesite ver a un doctor, muéstrame qué doctor ver y dale a él la sabiduría de cómo tratarme.

En lo que tengo más lucha para cuidar mi cuerpo es (nombra el aspecto en el que se te presenta el mayor desafío). Sé Señor de esta parte de mi vida a fin de que esté de acuerdo con tu voluntad. Ayúdame a encontrar libertad y liberación en esto y donde lo necesite. Señor, quiero que todo lo que haga te glorifique a ti. Ayúdame a ser una buena administradora del cuerpo que me diste. Confieso los momentos en que me he sentado a juzgarlo, criticándome en mi mente por no ser perfecta. Me arrepiento de esto y te pido perdón. Sé que mi cuerpo es el templo de tu Espíritu Santo, que habita en mí. Ayúdame a comprender del todo esta verdad de modo que logre mantener mi templo limpio y saludable. Ayúdame a no maltratar mi cuerpo en ninguna manera. Enséñame cómo cuidar apropiadamente de mi salud.

PROMESAS DE DIOS PARA MÍ

¿Está alguno enfermo entre vosotros? Llame a los ancianos de la iglesia, y oren por él, ungiéndole con aceite en el nombre del Señor. Y la oración de fe salvará al enfermo, y el Señor lo levantará; y si hubiere cometido pecados, le serán perdonados. Confesaos vuestras ofensas unos a otros, y orad unos por otros, para que seáis sanados. La oración eficaz del justo puede mucho.

SANTIAGO 5:14-16

Sáname, oh SEÑOR, y seré sanado; sálvame y seré salvo, porque tú eres mi alabanza.

JEREMÍAS 17:14, LBLA

Mas yo haré venir sanidad para ti, y sanaré tus heridas, dice Jehová.

JEREMÍAS 30:17

En conclusión, ya sea que coman o beban o hagan cualquier otra cosa, háganlo todo para la gloria de Dios.

1 CORINTIOS 10:31, NVI

Porque sabemos que si nuestra morada terrestre, este tabernáculo, se deshiciere, tenemos de Dios un edificio, una casa no hecha de manos, eterna, en los cielos.

2 CORINTIOS 5:1

✒ CAPÍTULO VEINTICUATRO ✒

Señor, líbrame de temores impíos

Durante años, no podía tomar una ducha sin sentir temor. Todo debido a que las escalofriantes imágenes de la película *Psicosis* volvían a mí para aterrarme. Había visto la película cuando era joven, y mi experiencia con la ducha se arruinó a partir de entonces. No fue sino hasta que conocí al Señor y alguien oró por mí para que recibiera liberación del temor que fui capaz de cerrar mis ojos bajo la ducha y disfrutar del agua.

Había muchas otras cosas a las que le tenía miedo, tales como a la muerte, al hambre, a caer, a volar, a accidentes, a las agujas, a los cuchillos, a perderme, a que me abandonaran, a enfermarme, a herirme, a enfermarme. A la oscuridad, a lo desconocido, a la opinión de las personas y al rechazo. Sin embargo, Dios me sanó de cada uno de estos temores. Por algunos oré de manera específica. Otros se fueron simplemente cuando aprendí a caminar con el Señor y a pasar tiempo en su amor y en su presencia.

Dios no quiere que vivamos en temor. El temor no viene de Él. Es el mundo el que nos enseña a temer. Las cosas que vemos en el cine, los vídeos, los diarios y los libros nos hacen temer. Las cosas que le escuchamos decir a las personas y las que vemos que hacen nos causan temor. El enemigo puede hacer que tengamos

217

miedo de todo, inclusive de nuestro futuro. Nos consume atemorizándonos que algo a lo que le tememos pueda suceder. Aun así, el temor no tiene que atormentarnos.

Temor impío

Hay dos tipos de temores: el impío y el santo. Debemos orar para vivir en santo temor, el cual es bueno y no da lugar al impío, que es tormento. Uno de los tipos más comunes del impío es el temor al hombre. Se trata de una trampa en la que podemos caer sin darnos cuenta. A fin de protegernos de él debemos darle más importancia a lo que Dios dice que a lo que dice cualquiera. Debemos mirar a Dios para buscar aprobación y aceptación y no a las personas. Si el Señor no ocupa el primer lugar en nuestro corazón, le tememos sin cesar al hombre. «El miedo a los hombres es una trampa, pero el que confía en el Señor estará protegido» (Proverbios 29:25, DHH).

Hay muchas cosas a las que se les tiene miedo en este mundo. A veces solo hace falta un noticiero para llenarnos de temor. Nuestra imaginación quizá también nos asuste. Sin embargo, Dios quiere liberarnos de todo temor en cada momento.

Cuatro buenas maneras
de liberarse del temor impío

1. Libérate del temor con oración. La Biblia dice que cuando tenemos temor es que no hemos sido perfeccionados en amor. «En el amor no hay temor, sino que el perfecto amor echa fuera el temor; porque el temor lleva en sí castigo. De donde el que teme, no ha sido perfeccionado en el amor» (1 Juan 4:18). El único amor que es perfecto es el de Dios. La forma en que nos perfeccionamos en amor es acercándonos a Él y permitiéndole que nos llene con su amor. Cuando lo haces, Él te libera de todo temor.

2. Libérate del temor al controlar lo que dejas entrar en tu mente. Las cosas del mundo a menudo nos causan temor. ¿Qué tipo de cosas recibes del mundo? ¿Alguna te causa temor? ¿Cómo las cambiarías? ¿Vas a ver películas de terror o ves programas de televisión que atemorizan? Lee la Palabra de Dios en su lugar. Si ver las noticias te da temor, no las mires o utilízalas para orar por las personas y las situaciones que escuchas allí. Haz todo lo posible por permanecer cerca del Señor (por ejemplo, puedes escuchar música de adoración o canciones de alabanza). El temor desaparece en la presencia del Señor.

3. *Libérate del temor al permanecer en la Palabra de Dios.* Muchas veces en mi vida en las que tuve temor, descubría que todo miedo me abandonaba cundo leía la Biblia. Para mí era determinante saber lo que la Palabra de Dios decía sobre mi temor y conocer sus promesas. Y cuando se enfrenta el temor, un arma poderosa en su contra es decir la Palabra de Dios en voz alta. Ni siquiera tenemos que estar leyendo ni diciendo versículos sobre el temor. La lectura de cualquier parte de la Biblia nos quita el miedo porque en cada página se puede encontrar al Espíritu del Señor.

4. *Libérate del temor impío al vivir en el temor del Señor.* Cuanto más conoces al Señor y entiendes quién es Él, más lo reverencias y temes entristecerlo. A esto se le llama temor del Señor y hace que desees obedecerlo. Es lo que te acerca más a Dios e incrementa tu anhelo por más de Él. Te hace olvidar todas las cosas que temes porque palidecen al compararlas con Él. Cuando tienes el temor del Señor, temes lo que sería tu vida sin Él.

TEMOR SANTO

Noé es un buen ejemplo de temor santo. Se pasó todo ese tiempo preparando el arca para el diluvio que iba a venir porque tenía temor del Señor. «Por la fe Noé, cuando fue advertido por Dios acerca de cosas que aún no se veían, con temor preparó el arca en que su casa se salvase; y por esa fe condenó al mundo, y fue hecho heredero de la justicia que viene por la fe» (Hebreos 11:7).

Las personas se rieron y se burlaron mientras Noé construía el arca, pero él le creyó a Dios, y temió más lo que decía Él que lo que decían los hombres. Y terminó salvando su vida. La mejor cosa que puedes hacer es: «Teme a Dios, y guarda sus mandamientos; porque esto es el todo del hombre» (Eclesiastés 12:13). Esto salvará tu vida también.

SIETE COSAS BUENAS QUE VIENEN DE TEMER A DIOS

1. *La bendición de la provisión de Dios.* «Teman al SEÑOR, ustedes sus santos, pues nada les falta a los que le temen» (Salmo 34:9, NVI).

2. *La bendición de la protección de Dios.* «El temor del SEÑOR conduce a la vida, para dormir satisfecho sin ser tocado por el mal» (Proverbios 19:23, LBLA).

3. *La bendición de la misericordia de Dios.* «Porque como están de altos los cielos sobre la tierra, así es de grande su misericordia para los que le temen» (Salmo 103:11, LBLA).

4. *La bendición de la bondad de Dios.* «¡Cuán grande es tu bondad, que has guardado para los que te temen, que has mostrado a los que esperan en ti, delante de los hijos de los hombres!» (Salmo 31:19).

5. *La bendición de la abundancia de Dios.* «La humildad y la reverencia al Señor traen como premio riquezas, honores y vida» (Proverbios 22:4, DHH).

6. *La bendición de la respuesta de Dios.* «Cumplirá el deseo de los que le temen; oirá asimismo el clamor de ellos, y los salvará» (Salmo 145:19).

7. *La abundancia de la libertad de Dios.* «Con el temor del SEÑOR el hombre se aparta del mal» (Proverbios 16:6, LBLA).

Dios tiene secretos. No es que no quiera que sepamos estas cosas, es que quiere que nos acerquemos a Él y los descubramos.

«Los secretos del SEÑOR son para los que le temen, y Él les dará a conocer su pacto» (Salmo 25:14, LBLA). Dios quiere que camines y hables con Él y que tengas el tipo de relación donde Él comparte contigo y te dice cosas que no sabías antes y que nunca hubieras sabido a menos que te las revelara. Cuando estás lo bastante cerca y quieta, Él te susurrará un secreto a tu corazón y cambiará tu vida. En ese momento, todos tus temores se irán. Pídele a Dios que te hable hoy.

⁓ Mi oración a Dios ⁓

Señor, tú eres mi luz y mi salvación. Eres la fortaleza de mi vida. ¿De quién, pues, temeré? Aun si un ejército me rodeara, mi corazón no temerá (Salmo 27:1-3). Seré fuerte y valiente porque sé que tú estarás conmigo a dondequiera que vaya (Josué 1:9). Líbrame de todo temor porque sé que el miedo no viene de ti.

Guarda mi mente y mi corazón del espíritu de temor. Lo que me causa temor hoy es (nombra cualquier cosa que te cause miedo). Toma este miedo y sustitúyelo por tu perfecto amor. Si tengo cualquier pensamiento en mi mente que alimenta el temor, revélamelo. He quitado mi mente de ti y la he puesto en mis circunstancias, ayúdame a revertir este proceso de modo que mi mente esté fuera de mis circunstancias y esté en ti. Muéstrame dónde permití que el miedo echara raíces y ayúdame a detener esto. Quita de mí todo temor al rechazo y al hombre y reemplázalo por el temor del Señor.

Tu Palabra dice que pondrás temor en el corazón de las personas y que no te volverás atrás de hacerles bien (Jeremías 32:40). Oro para que hagas esto conmigo. Sé que no me has dado espíritu de temor, así que lo rechazo y en su lugar reclamo el poder, el amor y la mente clara que tienes para mí. «¡Cuán grande es tu bondad, que has guardado para los que te temen, que has mostrado a los que esperan en ti, delante de los hijos de los hombres!» (Salmo 31:19). Como he recibido un reino que no puede ser conmovido, permite que tenga la gracia de servirte de forma aceptable, con reverencia y santo temor todos los días de mi vida (Hebreos 12:28).

Gracias porque «el temor de Jehová es para vida, y con él vivirá lleno de reposo el hombre; no será visitado de mal» (Proverbios 19:23). Ayúdame a crecer en amor reverente a ti a fin de que pueda complacerte y escapar de los planes que el enemigo tiene para mí. Gracias porque quienes te temen nunca tendrán falta de ningún bien.

⊸⊷⊶ *PROMESAS DE DIOS PARA MÍ* ⊶⊷⊸

Porque no nos ha dado Dios espíritu de cobardía, sino de poder, de amor y de dominio propio.

2 TIMOTEO 1:7

En el amor no hay temor, sino que el perfecto amor echa fuera el temor; porque el temor lleva en sí castigo. De donde el que teme, no ha sido perfeccionado en el amor.

1 JUAN 4:18

Enséñame, oh SEÑOR, tu camino; andaré en tu verdad; unifica mi corazón para que tema tu nombre.

SALMO 86:11, LBLA

Entonces me invocarán, pero no responderé; me buscarán con diligencia, pero no me hallarán; porque odiaron el conocimiento, y no escogieron el temor del SEÑOR.

PROVERBIOS 1:28-29, LBLA

Si clamas a la inteligencia, y alzas tu voz al entendimiento, si la buscas como a plata, y la procuras como a tesoros escondidos, entonces entenderás el temor del SEÑOR, y descubrirás el conocimiento de Dios.

PROVERBIOS 2:3-5, LBLA

Capítulo veinticinco

Señor, úsame para influir en la vida de otros

Durante los meses que estuve escribiendo *El poder de la esposa que ora*, sentí la dirección del Espíritu Santo para que orara algo que nunca había orado. Siempre le había pedido a Dios que me ayudara a escribir cada libro, pero esta vez me sentí guiada por el Espíritu a que orara para que este libro fuera un logro en términos de la cantidad de personas a las que llegara. Había escrito con anterioridad tres libros y nunca había orado de esta forma. Le comenté a mi grupo de oración lo que estaba sintiendo, y ellos estuvieron de acuerdo por completo. Juntos oramos para que este libro llegara hasta el fin de la tierra y que se tradujera a muchos idiomas. Casi no podía creer que le pidiera a Dios algo tan grande, pero sentí con todo mi corazón que esta era la manera en que Dios quería que orara. Cada semana oramos por esto hasta mucho después que se publicó el libro.

En los años sucesivos, diferentes editoriales en varias partes del mundo escribieron pidiendo permiso para traducir el libro a su idioma y publicarlo. Me llegaron algunos ejemplares del libro en francés, alemán, portugués, nigeriano, hindú, holandés, húngaro, coreano, español, japonés, indonesio y africano. En cada oportunidad mi corazón saltaba de gozo porque Dios había contestado mi oración de una forma muy poderosa.

Un día recibí una caja de mis libros que se tradujeron al chino, me quebranté y comencé a llorar. Era algo que nunca soñé que fuera posible. Podía imaginarme a todas estas preciosas mujeres chinas a las que nunca había conocido, leyendo este libro y aprendiendo a orar por sus familias. No había manera que yo pudiera viajar por el mundo para alcanzar a todas estas personas en todos estos países diferentes, y supe que nunca iría a China. Sin embargo, lo haría el mensaje que me dio el Señor. Estas personas nunca me conocerían, pero conocerían mejor a Dios.

Qué poderosa respuesta a la oración. Con los miembros de mi grupo de oración hablamos muchas veces acerca del primer día que oramos por esto y lo que Dios hizo en respuesta a la oración. Desde entonces, con cada nuevo libro que escribo, he orado: «Dios, úsame para tocar la vida de otros alrededor del mundo con tu amor, misericordia, esperanza y verdad». Tú puedes orar lo mismo también, y Dios usará tus talentos y habilidades para influir con poder en la vida de otros. Cuando tu corazón está en dar a otros lo que Dios te ha dado a ti, Él te permitirá hacerlo.

Dar a Dios y a las demás personas es de una importancia tan vital en nuestra vida en esta tierra que no lograremos alcanzar todo lo que queremos que suceda en nuestra vida si no lo hacemos. Es uno de los factores más importantes para darnos cuenta del propósito total que Dios tiene para nosotras. Nunca estaremos en verdad completas y satisfechas ni nunca encontraremos ninguna paz duradera a menos que nos demos los unos a los otros. Liberamos el flujo de bendiciones *hacia* nosotras y las dejamos correr *a través* de nosotras. Dar a Dios y a los demás crea un vacío en el cual Dios vuelca más bendiciones. Si detenemos el flujo, detenemos nuestra vida. Debemos orar para que Dios nos muestre cómo dar y nos permita hacerlo.

EL REGALO DE LA ORACIÓN

Muchas personas me han escrito y me han contado cómo mis libros las ayudaron a salvar sus matrimonios, sus hijos o sus vidas. Me preguntaron qué podían hacer por mí en agradecimiento. Siempre les respondí diciendo: «La mayor cosa que pueden hacer es orar por mí. Oren por mi protección, mi salud, mi familia y mi matrimonio. Oren para que tenga una mente clara y pueda escribir libros que acerquen a las personas al Señor a fin de que Él transforme sus vidas». No hay mayor regalo que pueda recibir que la oración de alguien. Creo que la oración de miles de personas salvó mi vida cuando estaba en el hospital. Si eres una de ellas, estoy eternamente agradecida. Sentí sus oraciones, y es por eso que hoy estoy con vida.

La oración es el mayor regalo que le podemos dar a otro. Por supuesto que si alguien necesita comida, ropa y un lugar para vivir, se deben satisfacer estas necesidades. Sin embargo, al dar de esa manera no podemos olvidarnos de orar por ellos también. Las cosas materiales son temporales, pero nuestras oraciones por otras personas pueden tener un efecto que dura toda su vida.

No podemos movernos hacia todo lo que Dios tiene para nosotras hasta que primero no lo hagamos hacia la oración intercesora. Esto es parte de nuestro llamado en común, porque *todas* tenemos el llamado a interceder por otros. Dios quiere que amemos a los demás lo suficiente como para entregar nuestras vidas a ellos en oración.

El 11 de septiembre, los intercesores comenzaron a orar enseguida por las personas involucradas en las tragedias de la ciudad de Nueva York, Pensilvania y Washington D.C. Luego, personas de todas partes de los Estados Unidos manejaron hasta Nueva York porque querían ayudar. Hicieron fila para donar sangre. Dieron dinero a familias desconsoladas. Cada uno hizo lo que pudo, pero todo comenzó con oración. «No amemos de palabra ni de lengua, sino de hecho y en verdad» (1 Juan 3:18). Si amas a Dios, amarás a las personas y esto te motivará a hacer lo que sea por ayudarlas. La oración es un buen lugar para comenzar.

Dios quiere que les demos a otros. Dice que si no ayudamos a los que están en necesidad, no lo amamos de verdad. «El que tiene bienes de este mundo y ve a su hermano tener necesidad, y cierra contra él su corazón, ¿cómo mora el amor de Dios en él?» (1 Juan 3:17). «Ninguno busque su propio bien, sino el del otro» (1 Corintios 10:24). «El que mira a otros con bondad, será bendecido por compartir su pan con los pobres» (Proverbios 22:9, DHH). Estas grandes bendiciones vendrán a ti cuando le pidas a Dios que te use para influir en las vidas de otros.

～ Mi oración a Dios ～

Señor, ayúdame a servirte de la forma que tú quieres. Revélame cualquier esfera de mi vida en la que deba estar dándole a alguien ahora. Abre mis ojos para ver la necesidad. Dame un corazón generoso para dar al pobre. Ayúdame a ser una buena administradora de las bendiciones que me has dado al compartir lo que tengo con otros. Muéstrame a quién quieres que extienda mi mano en este tiempo. Lléname con tu amor por todas las personas, y ayúdame a comunicarlo de una manera en que se perciba con claridad. Úsame para influir en la vida de otros con la esperanza que hay en mí.

Ayúdame a darte a ti como debo. No quiero robarte nada que te deba a ti. Señor, sé que donde está mi tesoro, allí también estará mi corazón (Mateo 6:21). Que mi mayor tesoro siempre sea servirte a ti.

Señor, muéstrame qué quieres que haga hoy para bendecir a otros a mi alrededor. Sobre todo, muéstrame cómo puedo servir a mi familia, mis amigos, mi iglesia y las personas que pones en mi vida. No quiero verme tan enfrascada en mi propia vida que no sea capaz de ver las oportunidades para ministrar tu vida a otros. Muéstrame lo que quieres que haga y permíteme hacerlo. Dame todo lo que necesito para ministrar vida, esperanza, ayuda y sanidad a otros. Hazme una de tus fieles intercesoras y enséñame cómo orar con poder. Ayúdame a distinguirme en el mundo porque tú obras a través de mí a fin de influir en la vida de otros para tu gloria.

~⊙~ PROMESAS DE DIOS PARA MÍ ~⊙~

Cada uno según el don que ha recibido, minístrelo a los otros, como buenos administradores de la multiforme gracia de Dios. Si alguno habla, hable conforme a las palabras de Dios; si alguno ministra, ministre conforme al poder que Dios da, para que en todo sea Dios glorificado por Jesucristo, a quien pertenecen la gloria y el imperio por los siglos de los siglos. Amén.

1 PEDRO 4:10-11

En esto hemos conocido el amor, en que él puso su vida por nosotros; también nosotros debemos poner nuestras vidas por los hermanos.

1 JUAN 3:16

No nos cansemos, pues, de hacer bien; porque a su tiempo segaremos, si no desmayamos.

GÁLATAS 6:9

Los entendidos resplandecerán como el resplandor del firmamento; y los que enseñan la justicia a la multitud, como las estrellas a perpetua eternidad.

DANIEL 12:3

De cierto, de cierto os digo: El que en mí cree, las obras que yo hago, él las hará también; y aun mayores hará, porque yo voy al Padre. Y todo lo que pidiereis al Padre en mi nombre, lo haré, para que el Padre sea glorificado en el Hijo. Si algo pidiereis en mi nombre, yo lo haré.

JUAN 14:12-14

CAPÍTULO VEINTISÉIS

Señor, capacítame para hablar solo palabras que traigan vida

Cuando tenía catorce años, presenté a un muchacho vecino a una de mis amigas como «el gordo Mike». Todos los otros chicos lo llamaban «el gordo Mike» para distinguirlo de los otros Mike que no lo eran. En el momento que lo hice, sin embargo, vi dolor en sus ojos y me di cuenta que así no era la forma en que *él* se llamaba a sí mismo. Me sentí muy mal respecto a esto porque nunca fue mi intención lastimarlo. Es más, pensaba que Mike era buen mozo y no encontraba el hecho de que tuviera sobrepeso como falta de atractivo. Sin embargo, es obvio que él lo hacía. Solo pensé que era un simpático sobrenombre con el cual él no tenía problemas. No cabe duda que los tenía. En esa época era demasiado tonta como para darme cuenta que nadie se siente bien con un nombre como ese. También me sentía muy incómoda y era muy inmadura como para disculparme. Esperaba que con solo aparentar que todo el incidente nunca había sucedido él se olvidara de esto y todo estaría bien.

Poco después me mudé y no lo vi nunca más. No pensé mucho en el incidente hasta quince años más tarde, después de hacerme creyente. Tratando de ser del todo recta delante de Dios y enmendar mi pasado, le pedí al Señor que trajera a mi mente cualquier cosa que necesitara perdón a fin de llevarla ante

Él. Mi mente se llenó de cosas que había hecho mal y una de ellas fue mi presentación de Mike. Me sentí terriblemente mal acerca de mis no mal intencionadas y crueles palabras y el daño que deben haber hecho. No podía creer que después de todo este tiempo en que los crueles comentarios de otro me lastimaron a mí, había hecho lo mismo con alguien más. Le pedí a Dios que me perdonara por ser tan tonta y tener tanta falta de amor.

Si hubiera podido encontrar a Mike y disculparme en persona, lo hubiera hecho. Pero no pude, así que traté de arreglarlo orando a Dios para que bendijera su vida en todas las formas posibles. Oré para que de alguna manera las palabras que le dije desaparecieran de su memoria o que al menos perdieran su aguijón y que él se sanara de cualquier dolor que mi comentario quizá le causó. Oré para que él pudiera perdonarme. Oré para que yo pudiera perdonarme.

Una de las esferas que puede causar los mayores problemas en nuestra vida está localizada entre la barbilla y la nariz. Con nuestra boca podemos decir cosas que no deberíamos y terminar hiriendo a otros y pagando las consecuencias. Estaba pagando las consecuencias de las palabras que dije hacía quince años atrás. No podemos hacer regresar nuestras palabras después que las decimos. Todo lo que podemos hacer es pedir disculpas y esperar el perdón de la parte ofendida. La mejor manera de estar segura de que es bueno lo que sale de nuestra boca, es poner pensamientos en nuestro corazón que sean buenos. «De la abundancia del corazón habla la boca» (Mateo 12:34). Si llenamos nuestro corazón con la verdad y el amor de Dios, eso es lo que saldrá.

¿Has estado alguna vez al lado de alguien que no deja de quejarse o habla de manera negativa sobre él mismo y los demás? ¿No es agotador? ¿Has estado con el tipo de persona de la que no sabes qué cosa horrible puede salir de su boca? No puedes esperar a alejarte de ellas. La Biblia dice que hagamos «todo sin murmuraciones y contiendas» (Filipenses 2:14). Si nos quejamos, reflejamos nuestra falta de fe en Dios. Prueba que no creemos que Dios tenga el control y que sea capaz de ocuparse de nosotras. Sugiere que no confiamos en que Él contestará nuestra oración. Demuestra que no estamos orando. Es deprimente estar cerca de personas con una falta de fe tan obvia.

Imagina que cada vez que abrimos nuestra boca hablamos palabras que están enlazadas con sanidad, edificación, ánimo, consuelo, sabiduría amor y verdad. Todo esto es posible si pedimos la ayuda de Dios. Es peligroso decir lo que nos viene a la mente, a menos que lo que te venga a la mente sea bueno. Si tienes tu mente puesta en cosas buenas, lo van a reflejar las palabras de tu boca.

OCHO BUENAS COSAS PARA PENSAR CADA DÍA
(BASADAS EN FILIPENSES 4:8, NVI)

1. *Todo lo verdadero.* Si piensas en lo que es honesto, genuino, auténtico, sincero, fiel, cabal y veraz, no dirás nada indebido, falso, erróneo, engañoso ni incierto.

2. *Todo lo respetable.* Si piensas en todo lo que es admirable, de calidad, excelente, magnánimo, superior y honorable, no dirás nada bajo, mezquino, malo, deshonesto ni mal intencionado.

3. *Todo lo justo.* Si piensas en lo que es justo, razonable, equitativo, propio, legal, adecuado, merecido, honrado, honorable y decoroso, no dirás nada que sea injustificado, tendencioso, irracional, ilegal ni injusto.

4. *Todo lo puro.* Si piensas en lo que es limpio, claro, sin mancha, casto, inmaculado y sin que lo manche el mal, no dirás nada que sea inferior, adulterado, corrupto, contaminado ni impío.

5. *Todo lo amable.* Si piensas en lo que es agradable, placentero, satisfactorio, encantador o espléndido, no dirás nada que

sea brusco, ofensivo, desagradable, repugnante, abominable, siniestro ni feo.

6. *Todo lo digno de admiración.* Si piensas en lo que es admirable, atractivo, valioso, recomendable, positivo o valioso, no dirás nada que sea negativo, desalentador, indeseable ni lleno de malas noticias, rumores y chisme.

7. *Todo lo que sea excelente.* Si piensas en todo lo que es moral, ético, honrado, excelente, bueno, impresionante o de acuerdo a altos valores morales, no dirás nada depravado, falto de ética, licencioso, malo, indulgente, disoluto, malicioso ni inmoral.

8. *O merezca elogio.* Si piensas en todo lo que es loable, admirable, elogiable, de valor, aclamado, aplaudido, glorificado, exaltado, honrado o aprobado, no dirás nada crítico, condenatorio, censurable, reprobable, despreciable, humillante ni deprimente.

Cuando una mujer sabia habla

Cuando una mujer sabia habla, da razones para la esperanza que hay en ella. Las palabras más importantes que podemos expresar son las que explican nuestra fe a quien nos pregunta o a quien las escucha. Debemos ser capaces de dar una razón para la esperanza que hay en nosotras (1 Pedro 3:15). Debemos orar para que Dios nos ayude a ser lo bastante valientes para explicar con claridad nuestra fe en Dios. Debemos pedirle a Dios que nos ayude a decirles a los otros por qué llamamos Mesías a Jesús, por qué no podemos vivir sin el Espíritu Santo y por qué optamos por vivir a la manera de Dios. Y debemos ser capaces de decir esto de una manera amorosa y humilde, de lo contrario vamos a ganarnos la antipatía de los que Dios quiere atraer hacia sí. Si el amor de Dios y el testimonio de su bondad no están en nuestro corazón, no saldrá por nuestra boca. Y lo que digamos no atraerá personas al Señor. A decir verdad, es posible que haga todo lo contrario.

Cuando una mujer sabia habla, sabe que el momento oportuno es importante. Cuando las cosas que hacen falta decir son difíciles de recibir para el que escucha, el tiempo oportuno lo es todo. Algunas palabras no se pueden pronunciar con resultados positivos si la persona que escucha no está dispuesta y lista para escucharlas. Es importante discernir esto, y la única manera de saber con certeza cuándo hablar y qué decir, es orando con antelación. La Biblia dice que no debemos ser demasiado apresuradas para hablar (Proverbios 29:39). Una mujer sabia sabe que no debe expresar cada pensamiento que viene a su cabeza. «El necio da rienda suelta a sus impulsos, pero el sabio acaba por refrenarlos» (Proverbios 29:11, DHH). Quizá tengas cosas buenas que decir, pero las personas no siempre están listas para escucharlas. Solo Dios sabe con seguridad cuándo alguien está listo. Pídele que te lo muestre.

Cuando una mujer sabia habla, dice la verdad. Cuando no decimos la verdad, herimos a otros tanto como a nosotras mismas. «Por lo tanto, dejando la mentira, hable cada uno a su prójimo con la verdad, porque todos somos miembros de un mismo cuerpo» (Efesios 4:25, NVI). Y no podemos andar por ahí diciendo la verdad sin sabiduría, sensibilidad y un sentido del tiempo de Dios. Las personas no quieren oír cada parte de verdad acerca de ellas mismas a cada momento. Les resulta demasiado difícil. A veces es mejor no decir nada y orar para que Dios nos muestre cuándo la persona está lista para escuchar la verdad.

Cuando una mujer sabia habla, no habla demasiado. Debemos ser cuidadosas en no utilizar más tiempo que el necesario al hablar. «Quien mucho habla dice tonterías» (Eclesiastés 5:3, NVI). Siempre le digo a mi grupo de oración que no deberíamos invertir más tiempo hablando sobre las peticiones de oración de lo que empleamos orando. Y no podemos soltar palabras de nuestra boca sin pensar en lo que decimos. En el día del juicio daremos cuenta de cada palabra ociosa (Mateo 12:36). Este es un pensamiento muy aterrador. Debemos pedirle a Dios que nos haga sabias en la cantidad de cosas que decimos.

Cuando una mujer sabia habla, sus palabras son con gracia. No podemos hablar palabras mezquinas, insensibles, ásperas, groseras, rudas, falsas, ofensivas ni arrogantes sin cosechar las consecuencias. Con nuestras palabras podemos edificar vidas o destruirlas. «Lo que sale de la boca, del corazón sale; y esto contamina al hombre» (Mateo 15:18). «Llenas de gracia son las palabras de la boca del sabio, mientras que los labios del necio a él consumen» (Eclesiastés 10:12, LBLA). Pídele a Dios que cree en ti un corazón limpio tan lleno del Espíritu Santo, de su amor y su verdad que rebose amor, verdad y sanidad en tu hablar. Pídele que te ayude a encontrar palabras que expresen vida a los que te rodean.

~ Mi oración a Dios ~

Señor, ayúdame a ser una persona que diga palabras que edifiquen y no que destruyan. Ayúdame a expresar vida y no muerte en las situaciones y a las personas que me rodean. Llena cada día mi corazón con tu Espíritu Santo de modo que tu amor y tu bondad fluyan desde mi corazón y mis labios. Ayúdame a hablar solo de cosas que sean verdaderas, respetables, justas, puras, amables, dignas de admiración, excelentes y que merezcan elogio. «Sean gratas las palabras de mi boca y la meditación de mi corazón delante de ti, oh SEÑOR, roca mía y redentor mío» (Salmo 19:14, LBLA). No permitas que mi boca hable maldad o cosas mentirosas. Espíritu de verdad, guíame a toda verdad. Ayúdame a hablar «conforme a las palabras de Dios» y con la habilidad que tú das, a fin de que sea glorificado tu nombre (1 Pedro 4:11). Que cada palabra que hable refleje tu pureza y amor.

Tu Palabra dice: «Del hombre son los propósitos del corazón, mas del SEÑOR es la respuesta de la lengua» (Proverbios 16:1, LBLA). Voy a preparar mi corazón al permanecer en tu Palabra cada día y obedecer tus leyes. Voy a preparar mi corazón al adorarte y darte gracias en todas las cosas. Llena mi corazón con amor, paz y gozo a fin de que fluya por mi boca. Acúsame cuando me queje o hable de manera negativa. Ayúdame a no apresurarme para hablar ni hablar demasiado. Ayúdame a no hablar palabras que no se expresen con claridad. Oro para que me des las palabras que debo decir cada vez que hablo. Y muéstrame cuándo hablar y cuándo no. Y en el momento que hable, dame palabras que den vida y edifiquen.

Ayúdame a ser una mujer que hable con sabiduría, gracia y claridad, y nunca de manera tonta, ruda o insensible. Dame palabras que hablen de la esperanza que hay en mí de modo que sea capaz de explicar mi fe de manera persuasiva e irresistible. Que las palabras que hable les den a las personas un mayor conocimiento de ti.

✦ PROMESAS DE DIOS PARA MÍ ✦

El que quiere amar la vida y ver días buenos, refrene su lengua de mal, y sus labios no hablen engaño.

1 PEDRO 3:10

El corazón del sabio hace prudente su boca, y añade gracia a sus labios.

PROVERBIOS 16:23

Santificad a Dios el Señor en vuestros corazones, y estad siempre preparados para presentar defensa con mansedumbre y reverencia ante todo el que os demande razón de la esperanza que hay en vosotros; teniendo buena conciencia, para que en lo que murmuran de vosotros como de malhechores, sean avergonzados los que calumnian vuestra buena conducta en Cristo. Porque mejor es que padezcáis haciendo el bien, si la voluntad de Dios así lo quiere, que haciendo el mal.

1 PEDRO 3:15-17

Panal de miel son las palabras agradables, dulces al alma y salud para los huesos.

PROVERBIOS 16:24, LBLA

Los labios justos son el contentamiento de los reyes, y estos aman al que habla lo recto.

PROVERBIOS 16:13

ᖙᕰ CAPÍTULO VEINTISIETE ᕰᖕ

Señor, transfórmame en una mujer de fe que mueve montañas

uando cumplí los diez años de edad, recibí un collar que consistía en una pequeña bolita de vidrio que colgaba de una delicada cadenita de oro. Dentro de la bolita de vidrio estaba la pequeñísima semilla de mostaza. En ese momento pensé: «*¿Por qué se molestaron en poner allí adentro una semilla que es tan pequeña si casi no se puede ver?*». Es obvio, no había entendido la idea.

No fue hasta algún tiempo después que aprendí el significado de la pequeña semilla. Jesús dijo: «De cierto os digo, que si tuviereis fe como un grano de mostaza, diréis a este monte: Pásate de aquí allá, y se pasará; y nada os será imposible» (Mateo 17:20). Desde entonces he pensado mucho en cuán pequeña era esa semilla. Si esa es toda la fe que se necesita para mover montañas, sin duda puedo tener la suficiente para mover los obstáculos en mi vida.

Dios toma la pequeñita fe que tenemos y la hace crecer en algo grande cuando actuamos en ella. La Biblia dice: «Conforme a la medida de fe que Dios repartió a cada uno» (Romanos 12:3). Ya tenemos alguna fe para comenzar.

Cuando damos un paso en fe, Dios *aumenta* nuestra fe. En otras palabras, actuar en fe engendra más fe.

Ya sea que te des cuenta o no, cada día vives por fe. Siempre que vas al doctor, confías que él hará lo debido. Cuando compras medicina en la farmacia, crees que te darán la prescripción acertada. Cuando vas a un restaurante, tienes fe de que no van a envenenarte (algunos restaurantes requieren más fe que otros). ¿Cuánto más fácil y más certero es confiar en Dios?

No tenemos idea de cuán grandes cosas Dios quiere hacer a través de nosotras si solo diéramos el paso de fe cuando Él nos lo pide. Es por eso que nos deja atravesar por algunos tiempos difíciles. Tiempos en los que nos sentimos débiles y vulnerables. Dios permite que ciertas cosas pasen para que nos volvamos a Él y le demos nuestra completa atención. En esos tiempos es cuando nos vemos forzadas a orar con una mayor fe, cuando nuestra fe se fortalece.

Jesús dijo: «Conforme a vuestra fe os sea hecho» (Mateo 9:29). Este quizá sea un pensamiento que nos atemoriza, dependiendo del tipo de fe que tengamos. Sin embargo, hay cosas que podemos hacer para incrementar nuestra fe, tales como leer la Palabra de Dios. La fe viene simplemente de oírla (Romanos 10:17). Cuando tomas las promesas y las verdades de su Palabra y las declaras en voz alta, sentirás que tu fe aumenta.

La oración también aumenta la fe porque es como nos extendemos y tocamos a Dios. En cierta oportunidad una mujer alargó su mano hacia el Señor creyendo esto: «Si al menos logro tocar su manto, quedaré sana». Jesús le dijo que su fe la había sanado, y ella se sanó en ese mismo momento (Mateo 9:20-22, NVI). Cada vez que extendemos nuestra mano y tocamos al Señor en oración, de alguna manera se sanan nuestras vidas y aumenta nuestra fe.

Cada día es más es apremiante que tengamos fe. Habrá tiempos en cada una de nuestras vidas en que necesitaremos el tipo de fe que será determinante entre el éxito o el fracaso, entre ganar o perder, la vida o la muerte. Por eso es que pedir más fe debe ser una oración constante. No importa cuánta fe tengas, Dios puede aumentarla.

Aun cuando tu fe parezca pequeña, todavía puedes hablar en fe a las montañas de tu vida y decirles que se muevan, y Dios hará lo imposible. Puedes orar para que las partes paralíticas de tu vida se sanen y Dios las restaurará. Le puedes pedir a Dios que aumente tu fe y te dé la valentía de actuar en ella, y Él lo hará.

¿Qué promesa de Dios te gustaría reclamar en fe como tuya ahora mismo? ¿Qué oración te gustaría orar valientemente en fe y verla contestada? ¿Qué te gustaría lograr en tu vida, o en la de alguien que conoces, que necesita una oración de gran fe? Pídele a Dios que tome la pequeña semilla que tienes y la haga crecer en un árbol gigante de fe a fin de que sucedan estas cosas.

❦ Mi oración a Dios ❦

Señor, aumenta mi fe. Enséñame cómo andar «por fe, no por vista» (2 Corintios 5:7, NVI). Dame la fortaleza para pararme firme en tus promesas y creer cada una de tus palabras. No quiero ser como aquellos a los que no les aprovechó el escuchar la Palabra de Dios porque no estaba acompañada de fe (Hebreos 4:2). Sé que «la fe es por el oír, y el oír, por la palabra de Dios» (Romanos 10:17). Aumenta mi fe cada vez que oiga o lea tu Palabra. Ayúdame a creer que tus promesas se cumplirán en mí. Oro por la autenticidad de mi fe, «para que sometida a prueba [...] mucho más preciosa que el oro, el cual aunque perecedero se prueba con fuego, sea hallada en alabanza, gloria y honra cuando sea manifestado Jesucristo» (1 Pedro 1:7).

Sé que «la fe es la certeza de lo que se espera, la convicción de lo que no se ve» (Hebreos 11:1, LBLA), y que es un regalo tuyo (Efesios 2:8). Aumenta mi fe de modo que ore con poder. Dame fe para creer la sanidad cada vez que oro por los enfermos. No quiero ver una necesidad y luego no tener fe lo bastante fuerte como para orar y creer que va a cambiar la situación.

Ayúdame a tomar el «escudo de la fe» para «apagar todos los dardos de fuego del maligno» (Efesios 6:16). Ayúdame a pedir con fe, «no dudando nada». «Porque el que duda es semejante a la onda del mar, que es arrastrada por el viento y echada de una parte a otra». Sé que el que duda es de doble ánimo e inconstante y no recibirá nada de ti (Santiago 1:6-8). Sé que «todo lo que no proviene de fe, es pecado» (Romanos 14:23). Confieso cualquier duda que tengo como un pecado ante ti y te pido que me perdones. No quiero estorbar lo que quieres hacer en mí y a través de mí porque dude. Aumenta mi fe cada día de modo que sea capaz de mover montañas en tu nombre.

⚜ PROMESAS DE DIOS PARA MÍ ⚜

Sin fe es imposible agradar a Dios; porque es necesario que el que se acerca a Dios crea que le hay, y que es galardonador de los que le buscan.

HEBREOS 11:6

Si puedes creer, al que cree todo le es posible.

MARCOS 9:23

Si tenéis fe como un grano de mostaza, diréis a este monte: «Pásate de aquí allá», y se pasará; y nada os será imposible.

MATEO 17:20, LBLA

Justificados, pues, por la fe, tenemos paz para con Dios por medio de nuestro Señor Jesucristo.

ROMANOS 5:1

Esto es para ustedes motivo de gran alegría, a pesar de que hasta ahora han tenido que sufrir diversas pruebas por un tiempo. El oro, aunque perecedero, se acrisola al fuego. Así también la fe de ustedes, que vale mucho más que el oro, al ser acrisolada por las pruebas demostrará que es digna de aprobación, gloria y honor cuando Jesucristo se revele.

1 PEDRO 1:6-7, NVI

❧ CAPÍTULO VEINTIOCHO ❧

Señor, cámbiame a la imagen de Cristo

Hace poco escuché a un pastor hablar acerca de su experiencia como misionero al comenzar una iglesia en una remota parte del mundo. Contó cómo cuando él y su esposa llegaron por primera vez a la pequeña villa donde iban a fundar una iglesia, se quedaron impactados al ver la poca ropa que usaban los nativos de la región. Era una tierra calurosa y húmeda, así que los hombres y las mujeres solo usaban unos pedazos de tela que cubrían el área entre la cintura y la mitad del muslo. Las mujeres estaban desnudas por completo de la cintura para arriba. La primera cosa que hicieron el pastor y su esposa fue instruir a las mujeres de que necesitaban cubrirse. Para ayudarlas a hacerlo, el pastor pidió que les enviaran camisetas a la villa. Cuando estas llegaron, le dio una a cada mujer. Cuando las recibieron, estaban muy entusiasmadas y ansiosas por llevarlas a su casa, prometiendo llevarlas puestas cuando regresaran. Al día siguiente, cuando se reunieron todos otra vez, el pastor y su esposa se sorprendieron más que antes. Cada mujer había tomado su camiseta y había cortado dos grandes redondeles en el frente para que cuando se las pusieran, sus pechos salieran por allí.

Me reí cuando escuché esta historia y me puse a pensar cuántas veces Dios nos da algo para cubrirnos o para hacernos rectas ante Él, y nosotras cortamos la parte que no queremos de modo que nuestra carne siga saliendo por allí.

Con razón no somos capaces de cambiarnos a nosotras mismas. Ni siquiera entendemos qué debemos cambiar ni por qué. Solo Dios puede abrirnos los ojos para ver estas cosas. Es por eso que debemos orar: «Cámbiame, Señor». Sé que es una de las oraciones más temibles y difíciles de orar. Preferiríamos orar: «Cámbialo, Señor». O: «Cámbiala, Señor». Más aun, si le damos «*carta blanca*» al Señor para que haga lo que Él quiera hacer, solo Dios sabe lo que podría hacer.

Sin embargo, hay una forma en que podemos orar que nos cambiará y no nos asustará. Esta es orar: «Hazme más como Cristo». ¿Quién no quisiera exhibir el carácter de Jesús? ¿Quién no quisiera ser más como Cristo cada día?

Siete buenas maneras de ser más como Cristo

1. *Jesús era amoroso*. No solo Jesús era afectuoso, sino que su amor iba más allá de la comprensión. Nosotras nunca tendremos que llevar el pecado del mundo hasta la muerte de la forma que Él lo hizo, pero el Señor quiere que demos nuestra vida por las personas en otras maneras. «En esto hemos conocido el amor, en que él puso su vida por nosotros; también nosotros debemos poner nuestras vidas por los hermanos» (1 Juan 3:16). Su amor puede obrar milagros en tu vida y en la vida de las personas en que influimos. El amor de Dios en ti crecerá y se reproducirá al manifestarlo. «Un mandamiento nuevo os doy: Que os améis unos a otros; como yo os he amado, que también os améis unos a otros» (Juan 13:34). Ora para que el amor de Dios se revele en ti mientras te extiendes al mundo que está a tu alrededor.

2. *Jesús era humilde*. Jesús era Señor del universo, sin embargo, «estando en la condición de hombre, se humilló a sí mismo, haciéndose obediente hasta la muerte, y muerte de cruz» (Filipenses 2:8). Puesto que es una rareza, aun una fracción de su

humildad nos hará avanzar un largo camino en este mundo. Y la necesitamos porque hay que pagar un precio muy alto por el orgullo. «Abominación al SEÑOR es todo el que es altivo de corazón; ciertamente no quedará sin castigo» (Proverbios 16:5, LBLA). «Antes del quebrantamiento es la soberbia, y antes de la caída la altivez de espíritu» (Proverbios 16:18). Nada hablará tan fuerte a las personas a tu alrededor que tu propia humildad, pues será una diferencia refrescante de la norma. Ora para que Dios te dé un corazón humilde.

3. *Jesús era fiel.* Jesús nunca dudó en su convicción y entendimiento de quién era y para qué estaba en la tierra. «Yo soy el camino, y la verdad, y la vida; nadie viene al Padre, sino por mí» (Juan 14:6). Aun en la tentación de Satanás, nunca vaciló. Nosotras necesitamos saber con la misma certeza quién es *Él* en verdad, a fin de que sepamos quiénes somos *nosotras* en realidad. Entonces no dudaremos. Pídele a Dios que fortalezca tu ser interior y te haga tan fiel como Él.

4. *Jesús era generoso.* Jesús dio de sí mismo para disciplinar a unos pocos hombres para que muchas vidas pudieran ser tocadas. Él dio su poder para que muchos fueran sanados, liberados y hechos completos. «Pues si yo, el Señor y el Maestro, he lavado vuestros pies, vosotros también debéis lavaros los pies los unos a los otros. Porque ejemplo os he dado, para que como yo os he hecho, vosotros también hagáis» (Juan 13:14-15). Su máximo regalo fue su vida. «Cristo padeció por nosotros, dejándonos ejemplo, para que sigáis sus pisadas» (1 Pedro 2:21). Cuando sentimos que no tenemos nada para dar, Dios lo suple todo. «Y poderoso es Dios para hacer que abunde en vosotros toda gracia, a fin de que, teniendo siempre en todas las cosas todo lo suficiente, abundéis para toda buena obra» (2 Corintios 9:8). Ora a Dios para que te llene con sus buenos regalos para darles a los que trae a tu vida.

5. *Jesús estaba apartado.* Jesús estaba *en* el mundo, pero no era *parte* del mundo. Vino a *influir* en el mundo, pero nunca *fue*

como el mundo. Aunque estaba separado del mundo, cambió al mundo que lo rodeaba. Debemos orar a fin de encontrar también ese balance. No podemos estar tan apartadas que no tengamos contacto con el mundo exterior. Tampoco podemos estar luciendo, viviendo, hablando y actuando de forma tan parecida al mundo que las personas no vean ninguna diferencia en nosotras. Jesús nunca perdió de vista hacia dónde iba. Siempre mantuvo la eternidad en perspectiva. Nosotras debemos hacer lo mismo. Ora para que siempre recuerdes quién eres, a qué te llamaron y dónde vas a pasar la eternidad.

6. *Jesús era obediente.* Una de las cosas más sorprendentes de Jesús fue que aunque era el Señor, no hizo nada por sí mismo. Oraba y no actuaba hasta que tenía las instrucciones de Dios. Nosotras debemos vivir de esa manera también. «El que dice que permanece en él, debe andar como él anduvo» (1 Juan 2:6). Jesús fue obediente hasta la muerte. ¿Puede haber otro nivel mayor de obediencia? Hizo lo que debía porque sabía las grandes cosas que vendrían a partir de allí. Nosotras debemos hacer lo mismo, «puestos los ojos en Jesús, el autor y consumador de la fe, el cual por el gozo puesto delante de él sufrió la cruz, menospreciando el oprobio, y se sentó a la diestra del trono de Dios. Considerad a aquel que sufrió tal contradicción de pecadores contra sí mismo, para que vuestro ánimo no se canse hasta desmayar» (Hebreos 12:2-3).

7. *Jesús fue luz.* Las personas son atraídas a la luz. Queremos que sean atraídas a la luz del Señor en nosotras. Jesús dijo: «Yo soy la luz del mundo; el que me sigue, no andará en tinieblas, sino que tendrá la luz de la vida» (Juan 8:12). No queremos caminar en la oscuridad. Nosotras queremos estar en la luz como Él esta en la luz. Pídele a Dios que te haga más como Cristo, de modo que en cualquier parte que estés las personas te paren y digan: «Dime lo que sabes». «¿Qué es esto especial que tienes?» «¿Qué debo hacer para tener lo mismo que tú?» Y así logres darles razón de la luz que hay en ti.

~ *Mi oración a Dios* ~

Señor, quiero cambiar y oro para que hoy comiencen los cambios. Sé que no puedo cambiarme yo sola de manera significativa ni duradera, pero por el poder transformador de tu Santo Espíritu todas las cosas son posibles. Dame, de acuerdo a tus riquezas en gloria, el ser fortalecida por el poder de tu Espíritu en mi ser interior (Efesios 3:16). Transfórmame a tu semejanza. Sé que tu suplirás todo lo que me falta de acuerdo a tus riquezas en Cristo Jesús (Filipenses 4:19).

Ayúdame a estar separada del mundo sin llegar a estar aislada ni de espaldas a él. Muéstrame cuándo no soy humilde y ayúdame a resistir cualquier tipo de orgullo. Permite que mi humildad sea un testimonio de tu Espíritu en mí. Que tu amor manifestado en mí sea un testigo de tu grandeza. Enséñame a amar a otros de la forma que tú lo haces. Ablanda mi corazón donde se endureció. Renuévame donde me he estancado. Guíame e instrúyeme donde he dejado de aprender. Permite que sea fiel, generosa y obediente como lo fue Jesús. Donde me resisto al cambio, ayúdame a confiar en tu trabajo en mi vida. Que tu luz brille de tal manera en mí que me transforme en una luz para todos los que me rodean. Que no sea yo, sino tú el que viva en mí (Gálatas 2:20). Hazme tan parecida a Cristo, que cuando la gente me vea quiera conocerte mejor.

∼∽◌ PROMESAS DE DIOS PARA MÍ ◌∼∽

Con Cristo estoy juntamente crucificado, y ya no vivo yo, mas vive Cristo en mí; y lo que ahora vivo en la carne, lo vivo en la fe del Hijo de Dios, el cual me amó y se entregó a sí mismo por mí.

GÁLATAS 2:20

El Espíritu mismo da testimonio a nuestro espíritu, de que somos hijos de Dios. Y si hijos, también herederos; herederos de Dios y coherederos con Cristo, si es que padecemos juntamente con él, para que juntamente con él seamos glorificados.

ROMANOS 8:16-17

Salgan de en medio de ellos, y apártense; no toquen nada impuro. Entonces yo los recibiré y seré un Padre para ustedes, y ustedes serán mis hijos y mis hijas, dice el Señor todopoderoso.

2 CORINTIOS 6:17-18, DHH

Bástate mi gracia; porque mi poder se perfecciona en la debilidad. Por tanto, de buena gana me gloriaré más bien en mis debilidades, para que repose sobre mí el poder de Cristo.

2 CORINTIOS 12:9

Todo lo puedo en Cristo que me fortalece.

FILIPENSES 4:13

CAPÍTULO VEINTINUEVE

Señor, libérame de mi pasado

Imagínate que participas en una carrera y que tratas de alcanzar la meta y al final ganar el premio. Aun así, por mucho que te esfuerzas, nunca logras alcanzar la meta porque tienes atado algo pesado a una de tus piernas. Luchas por arrastrarlo, pero te hace perder velocidad y te deja tan cansada y exhausta que te sientes tentada a rendirte. No se te ha ocurrido que esto es algo que no tienes que llevar. Ha sido parte de ti por tanto tiempo que nunca te imaginaste la vida sin ello. Sin embargo, no puedes finalizar la carrera y asegurar el premio que Dios tiene para ti hasta que te liberes de ello.

Esta situación hipotética es real para muchas de nosotras. Tratamos de correr la carrera de la vida, pero tenemos problemas en alcanzar velocidad. Esto se debe a que llevamos un exceso de equipaje del pasado sin siquiera darnos cuenta. Es más, hace tanto tiempo que lo llevamos que pensamos que es parte de nosotras. Algunos días son tan difíciles que sentimos que estamos a punto de rendirnos y abandonar la carrera. A pesar de eso, tengo buenas noticias. Dios quiere quitar este peso de nosotras para que no tengamos que cargarlo de nuevo. Ya sea algo que sucedió hace tanto tiempo atrás como en los primeros años de tu infancia o tan solo ayer, el pasado puede evitar que te muevas hacia todo lo que Dios tiene para ti. Por eso es que Él quiere liberarte de esto. Y no solo eso, quiere redimir y restaurar lo que se ha perdido o destruido en tu pasado y hacerlo contar como algo importante de tu vida ahora. La verdad es que no puedes avanzar hacia el futuro que Dios tiene para ti si estás atascada en el pasado. Cuando recibes a Jesús, te conviertes en una nueva criatura. Él hizo *todas* las cosas nuevas en tu vida y quiere que vivas como tal.

Dios dice que olvides las cosas viejas, pero eso no es fácil. ¿Cómo olvidar lo que nos pasó? ¿Necesitamos tener amnesia? ¿O una lobotomía? ¿Debemos vivir en negación? ¿Debemos pretender que el pasado nunca sucedió? ¿Debemos hacernos una liposucción en parte del cerebro? La respuesta a todo lo anterior es no. Solo debemos orar que Dios nos libere del pasado a fin de que seamos capaces de vivir con éxito en el presente.

Uno de los mayores misterios del Señor es cómo puede tomar las horribles, dolorosas, devastadoras, vergonzosas y ruinosas experiencias y recuerdos de nuestra vida y no solo sanarlos, sino usarlos para nuestro bien. No es que Él haga que no las puedas recordar, sino que te sanará de sus efectos de una forma tan profunda que pensar en ellos ya no te producirá ningún dolor. Dios te dará una nueva vida que disfrutarás tanto que no querrás viajar con tu mente hacia la vieja. Todavía tendrás los recuerdos, pero ya no experimentarás el dolor. En lugar de eso, tendrás alabanza en tu corazón por la total restauración que realizó Dios en ti. Y querrás compartir tu experiencia con otros de modo que logren tener este tipo de liberación, restauración y sanidad a partir de ahora.

PENSADO PARA TU BIEN

Dios no quiere borrar del todo el pasado de tu memoria porque quiere usar esa parte de tu vida en el trabajo para el que te llamó.

Él puede tomar las peores cosas de tu pasado y transformarlas en las mayores bendiciones para tu futuro. Las pondrá en el fundamento de tu ministerio para el mundo y de allí llevarás la vida del Señor a otras personas.

Por eso es que el Señor quiere que aprendas del pasado y atestigües de primera mano cómo Él puede redimirlo, aunque no te quiere viviendo allí. El Señor quiere que leas tu pasado como un libro de historia, pero no como una profecía de tu futuro. Quiere que olvides las cosas de atrás y te extiendas hacia las que están adelante (Filipenses 3:13).

Muchas personas nunca alcanzan el futuro que Dios tiene para ellas porque se estancan en el pasado. Un buen ejemplo de esto son las personas que experimentaron rechazo en el pasado y todavía temen el rechazo ahora. Esperan el rechazo, así que lo ven en las palabras y acciones de las otras personas. Esto les causa estar siempre heridas, temerosas, enojadas o amargadas, y los hace demasiado sensibles a los comentarios de los demás. En otras palabras, su *temor* al rechazo *provoca* el rechazo que temen. Se convierte en un círculo interminable.

Otros van a observar cualquier peso que lleves de tu pasado, aun cuando no sepan qué es. Las cosas malas que nos pasaron, o las buenas que *no* nos pasaron, serán parte de lo que vistamos cada día y las personas verán la apariencia total, aunque no sean capaces de recordar los detalles específicos. Sin embargo, Dios te liberará de tu pasado y lo usará para su gloria si se lo pides.

No mires hacia atrás

Una vez que das el paso fuera de tu pasado es importante que no mires a cada momento por encima del hombro para ver si te está siguiendo. Eso fue lo que hizo la esposa de Lot y esto la paralizó. Te paralizará a ti también. Y, en definitiva, te hará perder velocidad en la carrera. Los buenos corredores miran hacia delante y se mantienen enfocados en la meta.

Aun cuando no te haya sucedido nunca nada malo en la vida, o estés liberada de cualquier recuerdo negativo de tu pasado, todavía necesitas orar por liberación de tu pasado. Esto se debe a que aun las cosas buenas de tu pasado quizá impidan que Dios haga algo nuevo ahora. Si nos quedamos encerradas en lo que hicimos antes, tal vez perdamos lo que Dios quiere hacer ahora. Dios siempre quiere llevarte a un nuevo lugar en tu vida y no se lo permitirás si te aferras a la manera en que se hicieron siempre las cosas. Dios no permitirá que nos durmamos en éxitos pasados. Si dependemos de la forma en que se hicieron siempre las cosas, no dependemos de Él. Y esa es la cuestión.

Te garantizo que no importa la edad que tengas, Dios siempre quiere hacer cosas nuevas en tu vida. Pídele que te lo muestre. Dile que tienes la intención de permanecer en la carrera y que no quieres cargar con el peso de tu pasado. Dile que quieres correr de tal manera que obtengas el premio (1 Corintios 9:24).

～ *Mi oración a Dios* ～

Señor, oro para que me liberes de mi pasado. Cada vez que haga de mi pasado mi hogar, oro para que me liberes, me sanes y me redimas de él. Decido hacer mi hogar contigo. Ayúdame a dejar ir cualquier cosa a la que me haya aferrado al pasado y que evite que me mueva hacia todo lo que tienes para mí. Permite que me deshaga de todas las formas pasadas de pensar, sentir y recordar (Efesios 4:22-24). Dame la mente de Cristo a fin de que sea capaz de comprender cuándo me controlan los recuerdos de los hechos del pasado.

No quiero atarme al pasado por no perdonar a alguna persona o hecho relacionado con ella. En especial, oro para que me liberes de los efectos de (nombra cualquier recuerdo malo o doloroso que tengas). Te entrego mi pasado y a cualquiera asociado con él a fin de que restaures lo perdido. Todo lo que me hayan hecho o yo haya hecho a otros que cause dolor, lo entrego a ti. Que no me atormente más ni afecte lo que hago hoy. Alégrame conforme a los días que fui afligida y los años que he visto el mal (Salmo 90:15). Gracias porque haces todas las cosas nuevas y me estás haciendo nueva de todas las formas (Apocalipsis 21:5).

Ayúdame a mantener mis ojos fijos hacia adelante y no hacia atrás a los días pasados y a la vieja manera de hacer las cosas. Sé que hoy quieres hacer algo nuevo en mi vida. Ayúdame a que me concentre en mi lugar de destino ahora y no en el lugar que he estado. Libérame del pasado de modo que me libere de él y me dirija hacia el futuro que tienes para mí.

⁓⚭⚮ PROMESAS DE DIOS PARA MÍ ⚭⚮⁓

De modo que si alguno está en Cristo, nueva criatura es; las cosas viejas pasaron; he aquí todas son hechas nuevas.

2 CORINTIOS 5:17

Olviden las cosas de antaño; ya no vivan en el pasado. ¡Voy a hacer algo nuevo! Ya está sucediendo, ¿no se dan cuenta? Estoy abriendo un camino en el desierto, y ríos en lugares desolados.

ISAÍAS 43:18-19, NVI

Hermanos, yo mismo no pretendo haberlo ya alcanzado; pero una cosa hago: olvidando ciertamente lo que queda atrás, y extendiéndome a lo que está delante, prosigo a la meta, al premio del supremo llamamiento de Dios en Cristo Jesús.

FILIPENSES 3:13-14

Tus ojos miren lo recto, y diríjanse tus párpados hacia lo que tienes delante. Examina la senda de tus pies, y todos tus caminos sean rectos. No te desvíes a la derecha ni a la izquierda; aparta tu pie del mal.

PROVERBIOS 4:25-27

Enjugará Dios toda lágrima de los ojos de ellos; y ya no habrá muerte, ni habrá más llanto, ni clamor, ni dolor; porque las primeras cosas pasaron.

APOCALIPSIS 21:4

❧ CAPÍTULO TREINTA ❧

Señor, guíame hacia el futuro que tienes para mí

*E*scribo este capítulo como una carta personal para ti, querida hermana en Cristo, de modo que si te pones ansiosa por el futuro, o necesitas aliento por lo que te espera, puedas leerla y, es mi deseo, que a través de ella escuches la voz de Dios hablando a tu corazón. En realidad, esto es lo que Él desea para todas nosotras.

Querida _____ (por favor, escribe tu nombre):

Te escribo esta carta porque quiero recordarte el grandioso futuro que Dios tiene para ti. Lo sé porque Él lo dice. Dice que no has visto, ni oído, ni te has imaginado nada tan grandioso como lo que Él tiene preparado para ti (1 Corintios 2:9). No tienes idea de lo bueno que es tu futuro. El Señor dice que lo que tiene es tan bueno que si lo comprendieras de verdad, sentirías «que las aflicciones del tiempo presente no son comparables con la gloria venidera que en nosotros ha de manifestarse» (Romanos 8:18). Eso significa que cualquier cosa que ambiciones para tu vida ahora, ya es demasiado pequeña.

A pesar de que Dios promete un futuro pleno y bendecido, no sucederá de manera automática. Hay algunas cosas que *tú* debes hacer. Una de ellas es orar por esto (Jeremías 29:11-13). Otra es obedecer a Dios. Sin embargo, no te preocupes, Dios te ayudará con estas dos cosas si se lo pides. El Espíritu Santo es la garantía de Dios de que Él te ayudará a hacer lo que necesites y a convertir en realidad todo lo que te prometió (Efesios 1:13-14). Solo recuerda que cada vez que oras y obedeces, inviertes en tu futuro.

A pesar de que vivimos en un mundo en el que todo puede cambiar en un segundo, y no podemos estar seguras de lo que nos depara el mañana, Dios no cambia. Tal vez ya hayas perdido tu falso sentido de seguridad, y eso es bueno porque Dios quiere que sepas que tu única seguridad *verdadera* se encuentra en Él. Aunque no sepas los detalles específicos de lo que te espera, puedes confiar en que Dios sí lo sabe. Y te hará llegar segura a donde debes ir. Es más, la forma de llegar al futuro que Dios tiene para ti es caminar con Él hoy.

Recuerda, mi preciosa hermana en el Señor, que caminar con el Señor no significa que no habrá obstáculos. Satanás se encargará de que los haya. Mientras Dios tiene un plan para tu futuro que es bueno, el diablo tiene uno también y no es bueno. Aun así, el plan del diablo para tu vida no puede progresar mientras tú caminas con Dios, vives en obediencia a sus caminos, lo adoras solo a Él y oras sin cesar. Sin embargo, el plan de Dios para tu vida no se realizará sin luchas, así que no te rindas cuando los tiempos se pongan difíciles. Sigue haciendo lo que es bueno y resiste la tentación de darte por vencida. Pídele a Dios que te dé la fortaleza y la resistencia que necesitas para hacer lo que debes.

No juzgues tu futuro por lo que lees en el periódico ni por lo que alguien dijo de ti alguna vez. Tu futuro está en las manos de *Dios*. Lo único importante es lo que Él dice al respecto. Dios no quiere que te preocupes por el futuro. Quiere que te preocupes por *Él*, porque Él es tu futuro.

Recuerda que eres una hija de Dios y que Él te ama. Al *caminar* con Dios, te volverás más como Él cada día (1 Juan 3:1-3).

Al *mirarlo*, te transformarás «de gloria en gloria en la misma imagen, como por el Espíritu del Señor» (2 Corintios 3:18). Al *vivir* con Dios, Él te llevará de poder en poder. Así que «aunque este nuestro hombre exterior se va desgastando, el interior no obstante se renueva de día en día» (2 Corintios 4:16).

No te desalientes si las cosas no suceden tan rápido como deseas. Nunca lo hacen. Dios quiere que aprendas a tener paciencia. Nuestra perspectiva es temporal. Él es eterno. Así que no te preocupes si no vives todo lo que quisieras en respuesta a tus oraciones. Lo harás. Si te acercas a Dios y haces lo que Él quiere, si adoras a Dios en espíritu y en verdad, y amas a otros y te das a otros, si hablas la Palabra de Dios en fe y oración, verás las bendiciones de Dios derramarse sobre tu vida.

Creo que por un tiempo se nos niegan ciertas cosas porque Dios quiere que oremos con fervor e intercedamos por ellas. Esto se debe a que Él quiere hacer grandes cosas en respuesta a nuestras oraciones, algo que *solo* se concibe en la oración. ¿Recuerdas cómo Ana oró fervientemente por un hijo (1 Samuel 1:1-28)? Cuando al final Dios contestó su oración, no nació un simple niño. Samuel fue uno de los más grandes profetas y el más influyente juez de la historia de Israel. Si Ana no hubiera orado con tanto fervor, esto no habría sido posible. Tal vez haya cosas que no sucederán en tu vida a menos que ores con fervor y por un tiempo prolongado también.

Si los detalles de tu vida comienzan a consumirte y sientes que tu futuro nunca será diferente a lo que ha sido hasta este momento, por favor, quiero que sepas que la verdad es exactamente lo contrario. Es en esos precisos momentos cuando piensas que no llegas a ninguna parte, o que te pierdes el futuro que Dios tiene para ti, en los que Dios en verdad te está *preparando* para tu futuro. Y cuando llega el momento oportuno, se sabe que Dios hace un trabajo muy rápido. Si bien es bueno fijarse metas, no mires tan adelante que te quedes abrumada. En lugar de eso, mira al Señor. Recuerda que «el Señor está cerca de quienes lo invocan, de quienes lo invocan en verdad. Cumple los deseos de quienes le temen; atiende a su clamor y los salva» (Salmo 145:18-19, NVI). Un día estarás en el cielo con Dios. Y Él enjugará cada lágrima de tus ojos «y ya no habrá muerte, ni habrá más llanto, ni clamor, ni dolor; porque las primeras cosas pasaron» (Apocalipsis 21:4). Quieres poder llegar al final de tu vida y decir: «He peleado la buena batalla, he acabado la carrera, he guardado la fe. Por lo demás, me está guardada la corona de justicia, la cual me dará el Señor, juez justo, en aquel día; y no solo a mí, sino también a todos los que aman su venida» (2 Timoteo 4:7-8). Jesús dijo: «No se turbe vuestro corazón; creéis en Dios, creed también en mí. En la casa de mi Padre muchas moradas hay; si así no fuera, yo os lo hubiera dicho; voy, pues, a preparar lugar para vosotros. Y si me fuere y os preparare lugar, vendré otra vez, y os tomaré a mí mismo, para que donde yo estoy, vosotros también estéis» (Juan 14:1-3). Prometió esto porque tú le amas, tu futuro eterno en el cielo con Él está seguro.

Mientras tanto sé que quieres hacer algo significativo por el Señor y moverte hacia nuevos campos de servicio para Él. Dios está buscando mujeres que se comprometan a vivir de la manera que Él quiere y que avancen en los propósitos que Él tiene para sus vidas. Quiere mujeres que estén dispuestas a sacrificarse a sí mismas por el reino, que estén dispuestas a decir: «Que no se haga mi voluntad, sino la tuya». Tú eres una de esas mujeres. Oro para que estés equipada y lista cando Dios diga: «Ahora es el tiempo», y se abran las puertas de la oportunidad. Sigue haciendo lo que es bueno y cuando menos lo esperes, recibirás una llamada de Dios a fin de darte tu misión.

Recuerda, Dios «es poderoso para hacer todas las cosas mucho más abundantemente de lo que pedimos o entendemos, según el poder que actúa en nosotros» (Efesios 3:20). Tiene más para ti de lo que eres capaz de imaginarte. Y, ahora, que «el Dios de esperanza os llene de todo gozo y paz en el creer, para que abundéis en esperanza por el poder del Espíritu Santo» (Romanos 15:13). Sigue enfocada en Dios y Él te mantendrá en perfecta paz mientras te lleva al futuro que tiene para ti.

Tu hermana en Cristo,

Stormie Omartian

~ *Mi oración a Dios* ~

Señor, pongo mi futuro en tus manos y te pido que me des completa paz respecto a él. No quiero tratar de asegurar mi futuro con mis propios planes. Quiero estar en el centro de *tus* planes, sabiendo que me has dado todo lo que necesito para lo que está delante. Oro para que me des fortaleza que me permita perseverar sin rendirme. Tú has dicho que «el que persevere hasta el fin, este será salvo» (Mateo 10:22). Ayúdame a correr la carrera de tal manera que termine fortalecida y reciba el premio que tienes para mí (1 Corintios 9:24). Ayúdame a velar siempre en oración, pues no sé cuándo será el fin de mi vida (1 Pedro 4:7).

Sé que tus pensamientos para mí son de paz, a fin de darme un futuro y una esperanza (Jeremías 29:11). Sé que me has salvado y me has llamado con un llamamiento santo, no según mis obras, sino de acuerdo a tu propio propósito y gracia (2 Timoteo 1:9). Gracias, Espíritu Santo, que estás siempre conmigo y que guiarás mis pasos para que no pierda el camino.

Llévame hacia un ministerio poderoso que impacte las vidas de otros para tu reino y tu gloria. Me humillo ante tu mano poderosa, oh Dios, sabiendo que me levantarás cuando llegue el tiempo. Te entrego todas mis preocupaciones, sabiendo que tienes cuidado de mí y que no me dejarás caer (1 Pedro 5:6-7). Hoy extiendo mi mano hacia la tuya a fin de caminar contigo hacia el futuro que tienes para mí.

PROMESAS DE DIOS PARA MÍ

Porque yo sé muy bien los planes que tengo para ustedes —afirma el SEÑOR—, planes de bienestar y no de calamidad, a fin de darles un futuro y una esperanza. Entonces ustedes me invocarán, y vendrán a suplicarme, y yo los escucharé. Me buscarán y me encontrarán, cuando me busquen de todo corazón.

JEREMÍAS 29:11-13, NVI

Plantados en la casa del SEÑOR, florecen en los atrios de nuestro Dios. Aun en su vejez, darán fruto; siempre estarán vigorosos y lozanos, para proclamar: «El SEÑOR es justo; él es mi Roca, y en él no hay injusticia».

SALMO 92:13-15, NVI

Por lo cual estoy seguro de que ni la muerte, ni la vida, ni ángeles, ni principados, ni potestades, ni lo presente, ni lo por venir, ni lo alto, ni lo profundo, ni ninguna otra cosa creada nos podrá separar del amor de Dios, que es en Cristo Jesús Señor nuestro.

ROMANOS 8:38-39

Mas la senda de los justos es como la luz de la aurora, que va en aumento hasta que el día es perfecto.

PROVERBIOS 4:18

Levántate, resplandece, porque ha llegado tu luz y la gloria del SEÑOR ha amanecido sobre ti. Porque he aquí, tinieblas cubrirán la tierra y densa oscuridad los pueblos; pero sobre ti amanecerá el SEÑOR, y sobre ti aparecerá su gloria.

ISAÍAS 60:1-2, LBLA